Ödön von Horváth

Elisabeth Tworek / Brigitte Salmen

Schloßmuseum Murnau

Ein Kulturführer des Schloßmuseums Murnau

Elisabeth Tworek / Brigitte Salmen

Ödön von Horváth
Ein Kulturführer
des Schloßmuseums Murnau

2. Auflage 2003

Idee und Konzeption:
Brigitte Salmen
Gestaltung und Koordination:
Ingeborg Geith, München
Übersetzung:
Claudia Volkmar-Clark und Tim Clark
Satz: Setzerei Vornehm GmbH, München
Lithographie: Repro Kölbl, München
Gesamtherstellung:
Format Printmedien GmbH, Rosenheim

Bildnachweis:
Archiv der Ludwig-Maximilians-Universität / München: S. 24 (2); **Archiv der Österreich. Zugspitzbahn Ehrwald / Tirol:** S. 49 (34); **Elisabeth von Horváth, Wien / Pressbaum:** S. 16, 24 (3), 26, 27, 33, 35 (18), 61; **Gabriele Münter- und Johannes Eichner-Stiftung / München:** S. 13, 18; **Marktarchiv Murnau:** S. 58; **Österreichische Nationalbibliothek Wien:** S. 30, 34, 37, 52; **Privatbesitz:** S. 15, 19, 28, 32, 35 (17, 19), 36, 44 (30), 49 (33), 63 (51), 65; **Schloßmuseum Murnau, Bildarchiv:** S. 4, 8, 10, 11, 14, 24 (1), 29, 31, 38, 39, 43, 44 (27, 28, 29), 46, 47, 51, 53, 54, 57, 62, 63 (49, 50), **Staatsarchiv München,** LG 3341: S. 56, LRA 3862: S. 59, LRA 138989: S. 41; **Stiftung Preußischer Kulturbesitz Berlin, Zeitungsarchiv:** S. 42; **Ullstein Bild, Berlin:** S. 55

ISBN: 3-932276-11-6

Umschlagabbildung:
Ödön von Horváth, um 1925, Privatbesitz

Inhalt

Schloßmuseum des Marktes Murnau

Das Schloßmuseum zeigt die international bedeutende Kunst- und Literaturgeschichte, die sich im ersten Drittel des 20. Jahrhunderts in Murnau entwickelte, und vermittelt die Besonderheiten des Alpenvorlandes mit dem Murnauer Moos sowie die örtliche Tradition und Kultur des kleinen Marktortes, die eng mit diesem herausragenden künstlerischen und literarischen Schaffen verbunden ist.

Herzstück des Schloßmuseums bildet die umfangreichste öffentlich gezeigte Sammlung von Gemälden, Zeichnungen und Druckgraphiken von Gabriele Münter sowie Arbeiten der Künstler der „Neuen Künstlervereinigung München" und des „Blauen Reiter" (u. a. Werke von Wassily Kandinsky, Marianne von Werefkin, Alexej von Jawlensky, Franz Marc, Heinrich Campendonk).

Die Exponate verdeutlichen, daß diese Künstler in Murnau und seiner Umgebung seit 1908 gemeinsam viele ihrer Bildmotive fanden, die bayerische Volkskunst – insbesondere die Hinterglasmalerei – kennenlernten und ihnen hier die entscheidende Entwicklung zu einer neuen expressiven Malerei gelang. Kandinsky verfolgte seinen konsequenten Weg zur gegenstandsfreien Kunst und verbrachte hier mit Franz Marc, Gabriele Münter, August Macke wichtige Arbeitsphasen zur Vorbereitung des Almanachs „Der Blaue Reiter".

Eine umfangreiche Dokumentation widmet sich dem Leben und Werk des Schriftstellers und Dramatikers Ödön von Horváth, der sich zwischen 1924 und seinem politisch erzwungenen Weggang 1933 hauptsächlich in Murnau aufhielt und hier seine Stücke „Zur schönen Aussicht", „Die Bergbahn", „Italienische Nacht", „Kasimir und Karoline" sowie „Glaube Liebe Hoffnung" schrieb und 1934 den Roman „Jugend ohne Gott" begann.

Die expressive Malerei wie die Texte Horváths schöpften aus der Begegnung mit der Murnauer Landschaft, dem Ort und seinen Menschen. Daher wird der Besucher zu Beginn mit der Entstehung und der charakteristischen Besonderheit der Landschaft vertraut gemacht. Geschichte und Entwicklung des Marktes leiten über zu Darstellungen der ortstypischen Gewerbe der Federblumenherstellung und der Hinterglaskunst. Erweiternden Einblick in die Hinterglaskunst bietet die Sammlung von Udo Dammert, die über die örtlichen Erzeugnisse hinaus überregionale Werke aus Europa und Asien präsentiert. Die Landschaftsmalerei im Alpenvorland seit dem späten 18. Jahrhundert, die der der klassischen Moderne vorausgegangen war, setzt einen weiteren reizvollen Schwerpunkt.

Auch das Museumsgebäude selbst ist sehenswert. Sein Kern ist ein mächtiger mittelalterlicher Wohnturm aus dem 13. Jahrhundert, der durch Anbauten aus dem 16. Jahrhundert sein heutiges Aussehen erhielt. Das Bauwerk mit seinen in Deutschland einzigartigen mittelalterlichen Schiebefenstern ist eines der wenigen erhaltenen Beispiele des oberbayerischen Burgenbaus.

Neben der Dauerausstellung finden regelmäßig Sonderausstellungen statt, die auf die anspruchsvolle und überregional verbundene Kunst- und Kulturgeschichte Murnaus eingehen.

Das Schloßmuseum Murnau wurde 1995 mit dem Bayerischen Museumspreis ausgezeichnet.

Raumübersicht
Schloßmuseum Murnau

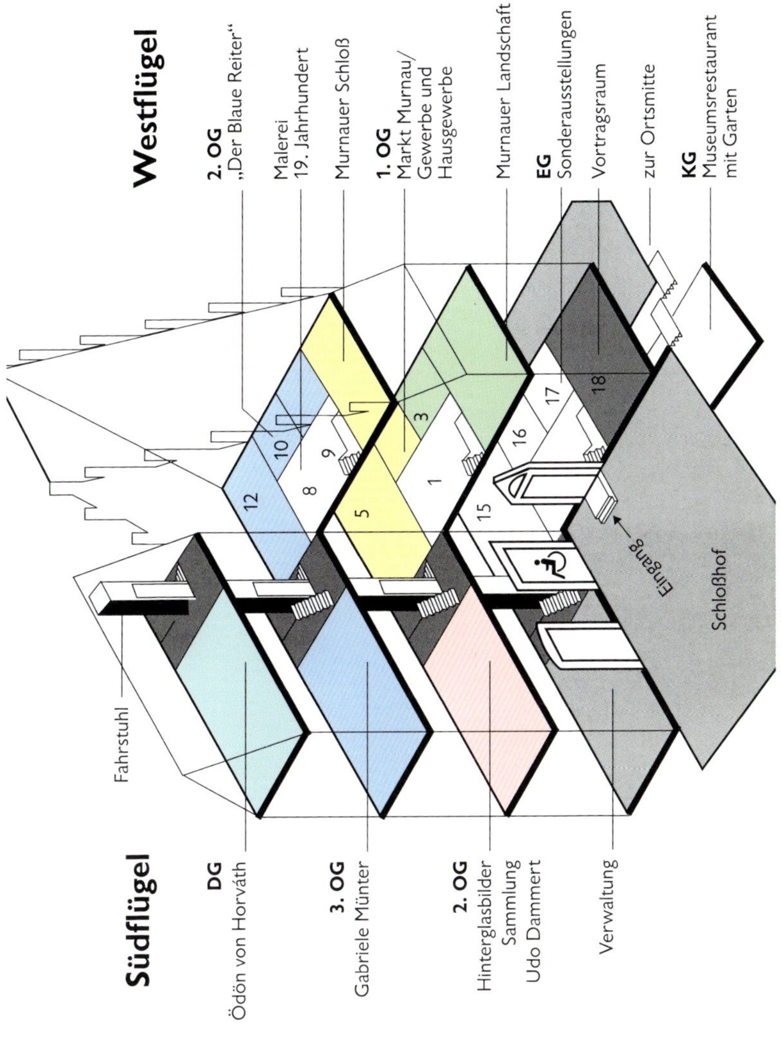

1: Murnau, Postkarte, um 1910

2: Sommerfrischler am Staffelsee, um 1900

Murnau – nicht nur ein Ort der Sommerfrische

Brigitte Salmen

Als die Familie von Horváth im Sommer 1920 zum erstenmal zur Sommerfrische nach Murnau kam, erlebte sie eine kleinstädtisch-ländliche Gemeinde, die bereits auf eine beachtliche – wenn auch durch die Jahre des I. Weltkriegs unterbrochene – Tradition als Kurort zurückblickte.

Seit der Mitte des 19. Jahrhunderts hatte sich Murnau, begünstigt durch den 1879 fertiggestellten Bahnanschluß von München her, zum Fremdenverkehrsort entwickelt. Die reizvolle Landschaft des Alpenvorlandes mit dem Blick auf die kulissenartig gestaffelten Vorberge der Alpen und das Wettersteinmassiv, mit der davor liegenden weiten Fläche des Murnauer Mooses und dem Staffelsee, bot zunächst vor allem den „Sommerfrischlern" geeignete Erholungsmöglichkeiten.

Um die Jahrhundertwende hatte sich Murnau als bekannter Kurort etabliert, dem Trend der „Belle Epoque" und dem Vorbild renommierter Orte wie etwa Bad Reichenhall oder Berchtesgaden in kleinerem Maßstab folgend. Murnau hatte sich einen Ruf als „Stahlbad" verschafft, dem das Wasser des Staffelsees mit neu entdeckten Eigenschaften zur Förderung der Gesundheit und Heilung von Krankheiten zugute kam. Die meist aus größeren Städten kommenden Gäste genossen das Kuren und Baden, das Spazierengehen und Wandern in reiner Gebirgsluft, Ausflüge in das Umland oder Bergtouren im nahegelegenen Gebirge.

Der kleine Marktort hatte sich schnell auf diesen neuen Erwerbszweig eingestellt. Bald gab es Logiermöglichkeiten für verschiedenste Besucherbedürfnisse: seit 1879 im Kurhotel am Staffelsee, wo die Gäste Moor- und andere Gesundheitsbäder nehmen konnten, in renommierten Häusern wie Hotel Post, Bahnhofshotel, Hotel Fröhler (später „Zur Schönen Aussicht" und „Schönblick"), Gasthof Griesbräu usw., und es gab auch zahlreiche einfache Privatquartiere, denn in mehr als einem

Drittel aller Murnauer Bürgerhäuser wurden Zimmer freigeräumt und an Sommerfrischler vermietet. Viele gutbetuchte Gäste – aus Adel, höherem Beamtentum und Wirtschaftskreisen – kamen mit ihren Dienstboten und blieben üblicherweise für längere Zeit während der Sommermonate.

Unter diesen Gästen waren Persönlichkeiten, die den Ort seit dem beginnenden 20. Jahrhundert zu einer Stätte bedeutender kunst- und kulturgeschichtlicher Leistungen machten. Einige von ihnen ließen sich bald in eigenen Landhäusern in Murnau nieder, darunter Künstler oder auch Architekten, zum Beispiel der Münchner Landhausarchitekt Emanuel von Seidl. In seinem Anwesen auf dem „Gelobten Land", das einen 16 Hektar großen Park umfaßte, führte er ab 1901/02 ein großbürgerliches und geselliges Leben. Es besuchten ihn Geschäftspartner und Freunde, auch Angehörige des Königshauses, und er feierte opulente Feste mit seinen Freunden aus dem etablierten Münchner Kunstleben. Er veranstaltete Konzerte und Theateraufführungen, darunter 1910 Shakespeares „Sommernachtstraum", inszeniert von dem Berliner Regisseur Max Reinhardt, der 1909–1911 Gastspiele im Rahmen der Münchener Sommerfestspiele gab. Für seine großbürgerlichen Auftraggeber entwarf er in der Tradition des englischen Landhausbaus stehende repräsentativ-behagliche Landhäuser mit heimischen Materialien, die sich harmonisch in die Landschaft einfügten.

3: Murnau mit Wein- und Café-Haus Otto Steiger, Postkarte, um 1910

4: Emanuel von Seidl, 1910

In seiner zweiten Heimat Murnau plante er sechs weitere herrschaftliche Anwesen, die den erweiterten Ortscharakter Murnaus auf eine neue Art prägten. Auch auf das Erscheinungsbild des Ortskerns übte er in den Jahren 1906–1913 einen nachhaltigen Einfluß aus: neugestaltete farbige Fassaden mit ornamentalem und figürlichem Dekor, Fensterläden, Sitzbänke, Handwerksembleme, Akazien usw. gaben vor allem der Hauptstraße in frischer, rhythmisch angelegter Farbigkeit ein neues Gesicht. Damit trug er maßgeblich zu einem freundlichen, unverwechselbaren Ortsbild bei, das seitdem die Attraktivität des Ortes gerade auch für die Gäste steigerte.

5: Murnau, Hauptstraße nach Süden, um 1910

Unter den Zuschauern, die am 28. August 1910 Max Reinhardts Aufführung des „Sommernachtstraums“ in Seidls Park in Murnau erlebten, war auch der junge Philosophie- und Kunstgeschichtsstudent Friedrich Wilhelm Plumpe. Er wurde sich hier seines zukünftig künstlerisch ausgerichteten Weges als Theaterschauspieler und Regisseur bewußt und nahm seitdem den Namen dieses kleinen Ortes an. Unter dem Namen Friedrich Wilhelm Murnau ging er, nach Jahren als Theaterschauspieler und Regieassistent bei Reinhardt, mit Filmen wie „Satanas“, „Nosferatu“, „Phantom“, „Der letzte Mann“, „Tartüff“, „Faust“, „Tabu“ u. a. in den 1920er Jahren als einer der bedeutendsten Stummfilm-Regisseure in die Filmgeschichte ein. Mit seinen dem Expressionismus verbundenen Filmen legte er wichtige Grundlagen für die Entwicklung des Films überhaupt.

F. W. Murnau war wohl kaum bewußt, daß sich zur Zeit seines Murnauer Aufenthalts 1910 nur wenige hundert Meter entfernt zwei wichtige Künstler der europäischen Avantgarde des frühen 20. Jahrhunderts lebten: Wassily Kandinsky und Gabriele Münter, die bei einem ersten Malaufenthalt im Sommer 1908 entscheidende Impulse erhalten und zu einer neuen expressiven Malerei gefunden hatten. Seitdem war nicht mehr die Modellierung der Bildthemen und die Auffassung des Räumlichen von Bedeutung, sondern es war der Ausdruck des Gefühls, die „innere Notwendigkeit“ maßgebend. Diese Intensivierung des Ausdrucks bewirkten die Künstler mit einer Reduktion des Gegenständlichen und seiner Umformung in Flächen und intensive Farben.

Ganz in der Nähe, in Sindelsdorf, lebte auch ihr Künstlerfreund Franz Marc, den F. W. Murnau ebenso wie Else Lasker-Schüler, Verfasserin expressionistischer Lyrik, 1913 kennenlernte. Mit ihr führte Marc bald einen intensiven Briefwechsel.

Im August 1909 erwarb Gabriele Münter für ihr Leben mit Kandinsky die kleine Villa an der Kottmüllerallee, die bald Treffpunkt für den Kreis ihrer Künstlerfreunde wurde: zu ihnen gehörten Marianne von Werefkin, Alexej von Jawlensky, Erma Bossi, Franz Marc, auch Else Lasker-Schüler, der Komponist Arnold Schönberg und andere. Im Herbst 1911 arbeiteten Wassily Kandinsky und Franz Marc mit Gabriele Münter, Maria Marc, August und

Elisabeth Macke, Helmuth Macke und Heinrich Campendonk in der konzentrierten redaktionellen Phase überwiegend in Murnau an der Herausgabe des Almanachs „Der Blaue Reiter", der als eine der bedeutendsten kunsttheoretischen Schriften der klassischen Moderne gilt. Mit Ausbruch des I. Weltkriegs brach dieser Künstlerkreis auseinander, Kandinsky kehrte für die folgenden sechs Jahre nach Rußland zurück, Jawlensky und Werefkin ließen sich in Ascona nieder. August Macke und Franz Marc fielen während des I. Weltkriegs 1914 bzw. 1916. Nur Gabriele Münter kehrte 1931 für die weiteren 31 Jahre ihres Lebens wieder ganz nach Murnau zurück.

6: Alexej Jawlensky, Marianne von Werefkin, Andreas Jawlensky und Gabriele Münter in Murnau, Sommer 1908

7: Wassily Kandinsky in Murnau, um 1910

In den Jahren vor dem I. Weltkrieg lernte auch der amerikanische Bankier und Kunstmäzen James Loeb den Ort am Staffelsee schätzen. James Loeb (1867–1933), deutsch-jüdischer Bankier, dessen Vater im späten 19. Jahrhundert eine der größten New Yorker Banken aufgebaut hatte, gab 1902 die Bankierslaufbahn auf, um sich ganz seinen kulturgeschichtlichen und musischen Interessen sowie vielfältigen wohltätigen Aufgaben zu widmen. Neben seiner Liebe zur Musik, die ihn u. a. mit Richard Strauß, Max Reger, Gustav Mahler, Hermann Levi zusammenführte, widmete er sich nun intensiv seiner Sammlung von griechischen Terrakotten, hellenistischem und südrussischem Goldschmuck, antiken Gläsern sowie

8: James Loeb, 1932

archaischen und antiken Bronzen, unter denen so berühmte Werke wie der „Poseidon Loeb" und die „Loebschen Dreifüße" waren.

Eine bedeutende Leistung war auch die Herausgabe der Werke griechischer und lateinischer Dichter und Autoren der klassischen Antike in Originalsprache und englischer Übersetzung, die „Loeb Classical Library". 1912 von ihm begründet, bearbeitet und finanziert, kann sie noch heute aufgrund seiner Stiftung weitergeführt werden.

Verwandtschaftlich und mit seinen kulturhistorischen Interessen war Loeb dem bedeutenden Kunsthistoriker Aby Warburg (1866–1929) eng verbunden.

1906 ließ sich Loeb in München nieder und kam erstmals zur Kur nach Murnau. Seit 1913 verbrachte er seine Zeit zunehmend in seinem Anwesen in Murnau-Hochried. Das Leben James Loebs war von enormer Großzügigkeit bestimmt. So stiftete und förderte er dank seines großen Vermögens nicht nur in den USA zahlreiche Bildungs- und soziale Einrichtungen (z. B. Harvard University), er förderte auch in ungewöhnlich großzügiger Weise in München die „Deutsche Forschungsanstalt für Psychiatrie" und stiftete das erste Münchner Studentinnenheim. In Murnau unterstützte er trotz der Angriffe von örtlichen Nationalsozialisten nicht nur zahlreiche Hilfsbedürftige, er finanzierte neben vielen kleineren öffentlichen Projekten 1932 ein großzügiges, modern konzipiertes Gemeindekrankenhaus.

Bei Murnau hielt sich in den 1920er Jahren mehrfach der Maler Max Beckmann auf, einer der großen Künstler des deutschen Expressionismus, der in seinen vielschichtig verschlüsselten Werken existenzielle Fragen des menschlichen Lebens eindringlich und in kraftvoller Bildsprache gestaltete. Er hatte 1924 die jüngste Tochter Mathilde („Quappi") des Münchner Malers Friedrich August von Kaulbach kennengelernt und im folgenden Jahr geheiratet. Seitdem besuchte er von seinen Wohnorten Frankfurt oder Paris aus von Zeit zu Zeit auch das wenige Kilometer von Murnau entfernte Ohlstadt, wo die Mutter seiner Frau im Atelieranwesen ihres 1920 verstorbenen Mannes lebte. Seit 1931 eskalierten die öffentlichen Angriffe von nationalsozialistischer Seite her gegen seine Malerei, 1933 verlor er sein Lehramt an der Städelschen Kunstschule in Frankfurt. Seine Bilder wurden aus deutschen Museen entfernt. Nach kurzzeitiger Übersiedlung nach Berlin zog er sich im Sommer 1933 nach Ohlstadt zurück, wo er auch 1934 und 1935 längere Zeit verbrachte. In diesen Jahren entstanden in intensiver Arbeit mehr als 20 Bilder unter anderem von der Landschaft um Ohlstadt und Murnau, von denen manche als Metaphern der wachsenden Bedrohung seiner Zeit zu deuten sind.

9: Max Beckmann, 1938

Zum Kreis dieser Künstler und Wissenschaftler, die zum Teil nicht mehr lebten oder in anderen Freundeskreisen verkehrten, hatten die Horváth-Söhne keinen Kontakt. 1931 jedoch ergab sich eine bemerkenswerte, bisher unbekannte Episode zwischen Gabriele Münter und Ödön von Horváth in Murnau.

Nachdem Gabriele Münter nach der Trennung von ihrem Lebensgefährten Wassily Kandinsky 1916 und langen, wechselvollen Jahren von Berlin aus Anfang April 1931 wieder dauerhaft nach Murnau in ihr Haus an der Kottmüllerallee zurückgekehrt war, suchte sie bald auch den Kontakt mit dem jungen, knapp 30jährigen Schriftsteller und Dramatiker Ödön von Horváth, der mit seiner Mutter und dem jüngeren Bruder Lajos nach wie vor überwiegend im Landhaus der Familie in Murnau lebte. Schon in Berlin hatte Münter von Horváths am 20. März 1931 in Berlin uraufgeführtem Volksstück „Die italienische Nacht" gehört.[1] Am 26. März 1931 vermerkte sie in ihrem Tagebuch den Besuch dieser Aufführung im Theater am Schiffbauerdamm. „Die italienische Nacht" hatte er zwei Jahre zuvor, im Frühjahr 1929, in Murnau ganz in ihrer Nachbarschaft zu schreiben begonnen. Das Stück bewegte sich in der aktuellen gesellschaftlich-politischen Szenerie, die sich besonders aktiv und für Horváth hautnah erlebbar auch in Murnau und Umgebung unter den Vorzeichen des aufkommenden Nationalsozialismus entwickelte und Horváth authentische „Vorlagen" und entscheidende Anregungen in diesem örtlichen Milieu lieferte.

10: Maria Hermine von Horváth mit ihren Söhnen Ödön und Lajos vor ihrem Haus in Murnau, 1925

Ob sich Gabriele Münter und Ödön von Horváth schon in Berlin persönlich begegnet waren, geht aus den Aufzeichungen Münters nicht hervor. Spätestens im Sommer 1931 jedenfalls entwickelte sich zwischen ihnen ein engerer freundschaftlicher Umgang. In ihren Tagebuchaufzeichnungen notiert Münter ab Juli 1931 gegenseitige Besuche im Hause Münter bzw. im Hause Horváth, wo sie Ödön zusammen mit seiner Bekannten Hertha Frank und deren Tochter Ati traf. Sie waren Schwägerin und Nichte des Architekten und Leiters des Bauhauses in Dessau, Walter Gropius, der in zweiter Ehe mit Ise Frank verheiratet war. Gerade am 24. 7., einen Tag, nachdem Ödön von Horváth im Weilheimer Prozeß zu den Geschehnissen der Saalschlacht am 1. Februar im Murnauer Gasthof Traube als Zeuge gegen die Nationalsozialisten ausgesagt hatte, besuchte er Münter in ihrem Haus, wo er eine aufmerksame und verständnisvolle Gesprächspartnerin finden konnte. Gabriele Münter, deren Werk, wie das ihrer Künstlerfreunde des „Blauen Reiter", angesichts der immer brisanteren örtlichen politischen Entwicklung von zunehmender Diffamierung bedroht war, gehörte in Murnau zu den wenigen, die Horváths Haltung rückhaltlos verstehen konnten.

Am 17. 8. 1931 kam Horváth wiederum in die Kottmüllerallee zu Gabriele Münter. Etwa drei Monate später, am 24. 11. 1931, besuchte Münter gemeinsam mit ihrem neuen Lebensgefährten Johannes Eichner Ödön von Horváth im Landhaus der Familie in der Bahnhofstraße, um von ihm mehrere Porträtskizzen zu zeichnen, wie sie in ihrem Tagebuch am 24. und 25. 11. 1931 und in ihrem Arbeitsheft am 25. und 26. 11. 1931 vermerkte: den Entwurf „Horvath in roter Jacke" und einen zweiten „Horvath auf Schreibmaschine gelehnt". Diese nun identifizierten Skizzen und das Photo eines Gemäldes, das aller Wahrscheinlichkeit nach das betreffende Gemälde dokumentiert, sind die einzigen bildlichen Zeugnisse dieser bisher weitestgehend unbekannten freundschaftlichen Beziehung und deren künstlerischer Umsetzung im Schaffen Münters.[2]

In diesen Bildern erfaßte sie Horváth – wie es ihrem typischen, vom zeichnerischen Sehen bestimmten Vorgehen entsprach – mit wenigen prägnanten Umrißlinien in seinen Wesenszügen und in charakteristischer Arbeitshaltung: zum einen in vorgebeugter, offener Hal-

II: Ödön von Horváth, sitzend
Zeichnung von Gabriele Münter,
November 1931
Gabriele Münter- und
Johannes Eichner-Stiftung, München

tung, seinem Gegenüber aufmerksam und mit wachem Blick zugewandt. Das Gemälde wiederum zeigt ihn in konzentrierter, nachdenkender Haltung an der Schreibmaschine beim Verarbeiten seiner Eindrücke und Ideen. Der Verbleib des Gemäldes ist unbekannt; lediglich das historische Foto ist bisher als bildliches Zeugnis dieses Gemäldes erhalten.

Am Abend des 26. 11. 1931 vermerkte Münter ihre Beschäftigung mit dem Werk Ödön von Horváths: sie las Johannes Eichner aus den „Geschichten aus dem Wiener Wald" und aktuelle Theaterkritiken vor, da dieses Stück kurz zuvor, am 2. November in Berlin, am Deutschen Theater durch Heinz Hilpert uraufgeführt worden war, mit dem Ödön von Horváth der künstlerische Durchbruch und der entscheidende Erfolg als Dramatiker gelungen war. Kurz zuvor, am 24. Oktober, hatte er auf Vorschlag Carl Zuckmayers den Kleistpreis erhalten.

Der gelegentliche Kontakt zwischen Münter und Horváth setzte sich zum Beispiel im Juni 1932 fort, während er an dem Stück „Glaube Liebe Hoffnung" arbeitete. Mit Ati Frank traf sich Münter noch im Sommer 1934; der weitere Kontakt zu Ödön von Horváth dagegen war abgebrochen, da Horváth nach der Durchsuchung des Landhauses durch die SA im Februar 1933 Murnau notgedrungen verlassen mußte und sich nach Wien, später nach Henndorf bei Salzburg zurückzog. Bei seinem

12: Ödön von Horváth, auf Schreibmaschine gelehnt
Foto eines Gemäldes von Gabriele Münter, November 1931

erneuten Besuch in Murnau im Januar/Februar 1934 im Nachbarhaus Riedl und bei späteren Besuchen in München und Possenhofen ergaben sich keine Treffen mehr mit Gabriele Münter.

Wie die Künstler des „Blauen Reiter" oder James Loeb, die erst lange nach dem 2. Weltkrieg in Murnau in ihrer Bedeutung angemessen wahrgenommen wurden, rückte auch Horváth erst Ende der 1970er Jahre hier stärker ins Bewußtsein.

Nach der grundlegenden wissenschaftlichen Bearbeitung des literarischen Werks Ödön von Horváths insbesondere durch Traugott Krischke seit den 1960er Jahren war es Elisabeth Tworek, die 1978 in ihrer Examensarbeit nachwies, daß Horváth sich in den Jahren 1924 bis 1933 überwiegend in Murnau aufhielt und die bisher nur vermuteten Zusammenhänge verschiedener Stücke und Prosatexte Horváths mit Murnauer Erlebnissen, Schauplätzen und Personen detailliert entschlüsselte.

Zum 80. Geburtstag im Dezember 1981 erfuhr Horváth im Haus von Rosemarie und Herbert Junkers eine erste Würdigung in Murnau mit Lesungen, u. a. von Erika Berghöfer. Kurz zuvor wurde ihm auf private Initiative hin vom Bauherrn[3] eine Gedenktafel an dem Neubau, der anstelle des 1973/74 abgerissenen Landeshauses der Horváths gebaut wurde, gewidmet.

1988 fand nach der Idee und dem Konzept von Elisabeth Tworek zusammen mit dem Horváth-Verein e. V. und mit Unterstützung der Gemeinde Murnau eine Aktionswoche mit Buch, Ausstellung und Veranstaltungen statt. 1992 wurde im Rahmen des Konzepts des neuen Schloßmuseums Murnau von Elisabeth Tworek in Zusammenarbeit mit Traugott Krischke ein Raum zu Horváth und Murnau inhaltlich bearbeitet – die bisher einzige ständige Ausstellung über diesen Dramatiker und Schriftsteller. 1998, zu seinem 60. Todestag, fanden „Horváth-Tage" statt, und das Jahr 2001 wurde zum 100. Geburtstag als „Horváth-Jahr" mit einer Reihe von Veranstaltungen begangen, so daß Horváth nach den Anfeindungen in Murnau zu seinen Lebzeiten hier inzwischen wieder gewürdigt wird.

Anmerkungen

1 Für die Unterstützung dieser Recherchen zu Horváth und Münter danke ich Frau Ilse Holzinger, Gabriele Münter- und Johannes Eichner-Stiftung, München, sehr herzlich.
2 Unabhängig von den hier erstmals festgestellten biographischen und künstlerischen Bezügen zwischen Gabriele Münter und Ödön von Horváth, hatte Douglas Sprösser, der Ende der 1920er Jahre mit seinen Eltern im Haus Gabriele Münters zur Miete lebte, Elisabeth Tworek von Besuchen Horváths im Münter-Haus berichtet. Gisela Kleine fand Erwähnungen in Briefen Münters an Johannes Eichner aus den beginnenden 1930er Jahren.
3 Wohnbau Bergerhof AG, Dorfen bei Wolfratshausen

Summary

Murnau, situated in a wonderful landscape in the foothills of the Alps became, in the late 19th century, a favorite place for summer holidays (Sommerfrische).

Among the famous guests, some of which lived permanently in summer houses, was for example the Munich architect Emanuel von Seidl, who left a decisive impression on Murnau with his colourful designs. One of his guests at the performance of Shakespeare's "Midsummer Night's Dream" in 1910 was the young actor Friedrich Wilhelm Plumpe, who thereafter called himself Friedrich Wilhelm Murnau and became the leading director of silent movies.

Since 1908 Wassily Kandinsky, Gabriele Münter, Alexej von Jawlensky and Marianne von Werefkin had come to Murnau, bringing with them a new expressionistic style that broke with tradition and revolutionised the world of painting. Kandinsky and Münter lived in Murnau until 1914. During this time, they worked on the first edition of the journal "The Blue Rider", which in 1911 – 12 they produced together with Franz Marc, August Macke and others.

The American banker and archaeologist, James Loeb was, from 1912, a Murnau resident, devoting time to his impressive art collection of works from pre-history, Greek terracotta sculpture, Hellenistic and South Russian gold jewelry, ancient glass and Egyptian, Roman, Hellenistic and Etruscan bronze. In 1912 he embarked on another equally important project, the edition of works by Greek and Latin poets and writers with English translations: the "Loeb Classical Library". He used his considerable financial resources to support a number of charitable causes and social institutions in the USA as well as in Munich: the "Deutsche Forschungsanstalt für Psychiatrie". In Murnau he was well known for helping the poor and built, in addition to a number of smaller projects, the Community Hospital.

During the mid 1920s, the painter Max Beckmann, one of the greatest Artists of German Expressionism, came to Ohlstadt near Murnau from time to time. After massive political attacks on him he moved out to stay in his father-in-law's studio. During this time he created more than 20 still life and landscape portraits of Ohlstadt and Murnau.

When, after a period away, Gabriele Münter returned to Murnau in 1931, she developed a previously unknown relationship with Ödön von Horváth who, after the 1931 "Saalschlacht" (a conflict between the SPD and the Nazis) in Murnau, had experienced increasing difficulties. In this same year Münter painted what until recently were unrevealed portraits of von Horváth.

Autobiographische Notiz (auf Bestellung)

Mein Interesse für Kunst, insbesondere für die schöne Literatur, regte sich relativ spät (bei einer Höhe von rund 1,70), aber erst ab 1,79 war es ein Drang, zwar kein unwiderstehlicher, jedoch immerhin.

Bei einer ungefähren Höhe von 1,52 erwachte in mir der Eros, aber vorerst ohne mir irgendwelche besonderen Scherereien zu bereiten – (meine Liebe zur Politik war damals bereits ziemlich vorhanden).

Als ich 1,20 Meter hoch wurde, zog ich nach Budapest und lebte dort bis 1,21 Meter. War dortselbst ein eifriger Besucher zahlreicher Kinderspielplätze und fiel durch mein verträumtes und boshaftes Wesen unliebenswert auf.

Geboren bin ich am 9. Dezember 1901, und zwar in Fiume an der Adria, nachmittags um dreiviertelfünf (nach einer anderen Überlieferung um halbfünf). Als ich zweiunddreißig Pfund wog, verließ ich Fiume, trieb mich teils in Venedig und teils auf dem Balkan herum und erlebte allerhand, u. a. die Ermordung S. M. des Königs Alexanders von Serbien samt seiner Ehehälfte.

Heut geh ich ja nurmehr in die Breite – aber hierüber kann ich Ihnen noch nichts mitteilen, denn ich bin mir halt noch zu nah.

und heute, wo ich längst aufgehört habe zu wachsen (1,84), denke ich mit einer sanften Wehmut an jene ahnungsschwangeren Tage zurück.

Mit 1,69 hatte ich mein erstes ausgesprochen sexuelles Erlebnis –

Als der Weltkrieg ausbrach, war ich bereits 1,67 und als er dann aufhörte bereits 1,80 (ich schoß im Krieg sehr rasch empor).

Ödön von Horváth, Autobiographische Notiz
(auf Bestellung)
in: Der Freihafen. Blätter der Hamburger Kammerspiele, Jg. 10. November 1927 (H. 3)

1

2

3

1: Murnau um 1930, Blick auf Kirche und Schloß

2: Ödön von Horváth als Student, 1919

3: Ödön von Horváth, 1929 in Murnau

Der unbestechliche Blick eines Heimatlosen

Elisabeth Tworek

„Ich schreibe nichts gegen, ich zeige es nur – ich schreibe auch allerdings nie für jemand, und es besteht die Möglichkeit, daß es dann gleich „gegen" wirkt. Ich habe nur zwei Dinge gegen die ich schreibe, das ist die Dummheit und die Lüge. Und zwei wofür ich eintrete, das ist die Vernunft und die Aufrichtigkeit."

Ödön von Horváth, Randbemerkung zu „Glaube Liebe Hoffnung"

Spurensuche

Wer sich auf die Spuren Ödön von Horváths in Murnau begibt, macht eine Zeitreise zurück in die geschlossene Welt eines bäuerlich geprägten Marktes am Vorabend des Nationalsozialismus. Er sucht nach Schauplätzen, Ereignissen und Menschen, die in die Weltliteratur eingingen.

Seit Ödön von Horváth Anfang der zwanziger Jahre durch einen Zufall Murnau kennenlernte, ließ ihn dieser kleine Ort am Alpenrand nicht mehr los. Es war Liebe auf den ersten Blick; die nur von wenigen Murnauern erwidert werden konnte. Für ein offenes Aufeinanderzugehen waren die Zeitumstände doch zu schwierig. Später wird der ungarische Schriftsteller deutscher Sprache Murnau auf Druck der örtlichen NSDAP verlassen müssen, doch in der Erinnerung wird ihn dieser kleine Ort verfolgen, bis er am 1. Juni 1938 im Pariser Exil von einem herabfallenden Ast getötet wird.

Welche Erfahrungen bringt er mit, als er sich 1924 in Murnau niederläßt? Welche Lebensumstände findet er dort vor? Was zieht ihn an dem Marktflecken magisch an, so daß er Murnau zehn Jahre lang zu seinem Lebensmittelpunkt wählt? Warum stößt seine Zuneigung auf so wenig Gegenliebe? Welche seiner Beobachtungen werden zu Literatur?

Ein Ungar in Murnau

Ein Ausflug durch das bayerische Oberland führte den Ministerialrat Dr. Edmund von Horváth, seine Frau und die beiden Söhne Ödön und Lajos 1920 zufällig nach Murnau am Staffelsee. Das idyllische Murnau, das die Künstlergruppe des „Blauen Reiter" begeistert hatte, und wo Wassily Kandinsky und Gabriele Münter von 1909 bis 1914 glückliche Jahre verbrachten, gefiel auch den Horváths so gut, daß sie ein Jahr später in der Bahnhofstraße ein Grundstück kauften. Nach eigenen Plänen ließen sie dort ein Landhaus errichten. Im Herbst 1924 war die Villa bezugsfertig und diente neben dem Münchner Haus in der Martiusstraße 4 als „Sommersitz".

4: Das Landhaus in Murnau, um 1925

1925 zählte der Marktflecken etwa 2900 Einwohner: überwiegend Handwerker, Geschäftsleute, Bauern und höhere Beamte. Nur wenige Arbeiter und Angestellte gab es in dem industriell kaum erschlossenen Fremdenverkehrsort, der damals wie heute vom Tourismus lebt. Diese kleine, überschaubare Welt war völlig anders strukturiert, als die Metropolen der österreichisch-ungarischen k. u. k. Monarchie, aus der Ödön von Horváth kam.

Ödön von Horváth ist in Fiume, Belgrad, Budapest, Preßburg aufgewachsen. Das Vielvölkergemisch seiner Geburtsstadt Fiume (heute Rijeka / Kroatien) läßt die schöpferische und kulturelle Vielfalt erahnen, in die der junge Ödön hineinwächst: In der administrativ zu Ungarn gehörenden Hafenstadt an der Adria sind 1901 von den insgesamt 38 955 Bewohnern der Stadt 17 354 Italiener, 2842 Ungarn, 1945 Deutsche, 5136 Südslawen und 2251 Slowenen.

5 a

5 a: Familie von Horváth, um 1907

5 b: Ödön von Horváth, 1904

6: Dr. Edmund von Horváth (1874–1950) mit seinen Söhnen Ödön und Lajos

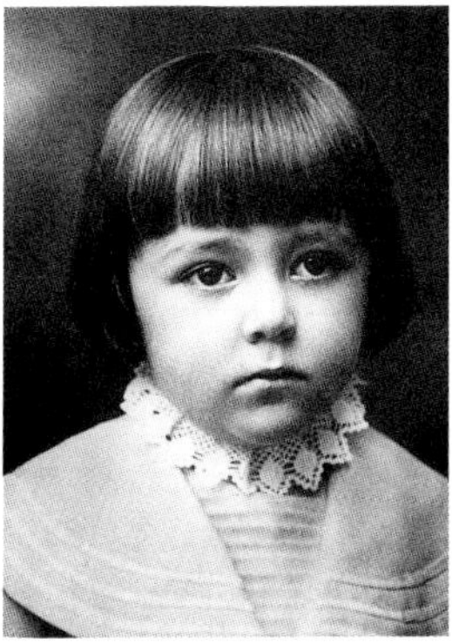

5 b

6

7 a

7 b

7 a: Maria Hermine von Horváth mit ihren Söhnen, in Budapest um 1907

7 b: Ödön und Lajos von Horváth als Schüler, ca. 1909

Horváths Vater Edmund entstammt einer magyarisch-kroatischen Offiziersfamilie und steht im diplomatischen Dienst der österreichisch-ungarischen Doppelmonarchie, 1909 wird er wegen seiner Verdienste geadelt. Die Mutter kommt aus einer tschechisch-deutschen Militärarztfamilie.

Ödön von Horváth meinte dazu: „Ich bin eine typisch alt-österreichisch-ungarische Mischung: magyarisch, kroatisch, deutsch, tschechisch – mein Name ist magyarisch, meine Muttersprache ist deutsch. Ich spreche weitaus am besten Deutsch, schreibe nunmehr nur Deutsch, gehöre also dem deutschen Kulturkreis an, dem deutschen Volke."[1]

8: Ödön von Horváth und seine Freundin Lizzy Seyd beim Bergwandern, Anfang der Zwanziger Jahre

„Ein sogenannter schmucker Markt"

Murnau wurde für ihn zwischen 1924 und 1933 zum Hauptwohnsitz. Die Gründe sind vielfältig. Ödön von Horváth war ein begeisterter Bergsteiger und Tourengeher, und er nutzte Murnau als Ausgangspunkt zahlreicher Berg- und Klettertouren.

Zudem bot die Villa der Eltern kostenlose Logis. Horváth hatte soeben sein Studium der Theaterwissenschaft und Germanistik an der Universität München abgebrochen und wollte Schriftsteller werden. Auf der Suche nach Stoffen und Motiven fand er in Murnau die Leute, die ihn für seine Kleinbürgerstudien interessierten. Aus allernächster Nähe konnte er menschliche Charakterzüge und Verhaltensweisen der Schicht studieren, die

9: Strand-Café in der Murnauer Bucht am Staffelsee, um 1930

den raschen Aufstieg des Nationalsozialismus begünstigte. In dieser kleinen Welt bekamen Inflation, Arbeitslosigkeit und der aufkommende Nationalsozialismus ein persönliches Gesicht.

In den zahlreichen Wirtschaften des Ortes, in Biergärten und Ausflugscafés saß er oft stundenlang, las Zeitung, trank sein Bier, hörte den Leuten zu und machte sich Notizen. Auch genoß er das außergewöhnliche Privileg als „Zugereister", an den Stammtischen seiner Lieblingswirtschaften willkommen zu sein. Auf losen Zetteln, zwischen Adressen, Telefonnummern und privaten Aufzeichnungen finden sich Pläne, Titel, Konzepte, Dialogfetzen. Auf diese Anregungen wollte er keineswegs verzichten, denn sie werden später das Rohmaterial für seine Volksstücke und Prosaschriften bilden.

So schrieb er den Romanentwurf „Hannes, das Arbeiterkind" auf das Briefpapier seiner Lieblingswirtschaft „Kirchmeir".

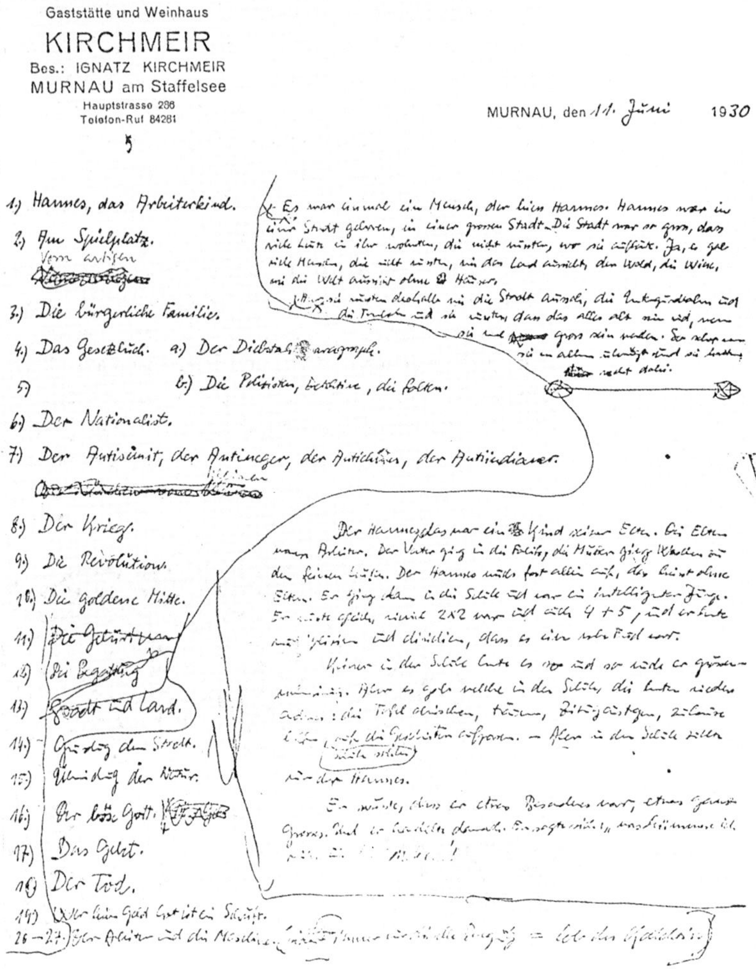

10: Ödön von Horváth, Entwurf zu einem Roman auf dem Briefpapier seiner Lieblingsgaststätte

Horváths Freunde

Häufig bekam Ödön von Horváth Besuch von Freunden aus München. Mit der Bahn war Murnau in gut eineinhalb Stunden bequem zu erreichen. Das Moor, der See, das nahegelegene Gebirge luden Sommer wie Winter zu Vergnügen und Erholung ein. Das Strand-Hotel und das Strand-Café, direkt am Staffelsee in der Murnauer Bucht gelegen, entwickelten sich zu gesellschaftlichen Treffpunkten. Es gab das ganze Jahr über Künstler-Konzerte und im Fasching einfallsreiche Maskenbälle.

Wenn der Staffelsee zugefroren war, trafen sich Horváth und seine Freunde zum Eisstockschießen, Schlittschuhlaufen und zu den regelmäßig stattfindenden Eisrennen. Im Sommer waren Ödön und Lajos von Horváth regelmäßig im Strandbad anzutreffen, und am Abend tranken sie in einem der Biergärten ihr Bier.

Zum Freundeskreis aus München zählten die Geschwister Gustl, Heiner und Christian Emhardt. Ihre Eltern hatten zur gleichen Zeit wie die Horváths in Murnau am Maria-Antonienweg ein Haus gebaut und hielten sich jetzt überwiegend in Murnau auf. Darüber hinaus kamen Hanselach Geiringer, seine Schwester Marianne, Wolf Justin Hartmann, Klaus und Erika Mann aus München zu Besuch. Das ländliche Leben in der „erholsamen Stille“ zog sie magisch an. Ihre modische Kleidung und ihr bohemienhaftes Auftreten fielen im ländlichen Murnau sofort auf.

11: Fasching im Strand-Hotel in der Murnauer Bucht am Staffelsee, Januar 1926

12: Ödön von Horváth im Strandbad Murnau, Anfang der Zwanziger Jahre

13

Doch Horváth hatte auch einige Murnauer Freunde, wie etwa Ludwig Mooser, Käthe Leitner, Walter Specht-Fey, Maria Biller und Pepi Kastner. Sie hielten ihm auch noch die Treue, als die Horváths in Murnau nicht mehr gern gesehen waren.

Doch zunächst genoß die Diplomatenfamilie in Murnau hohes Ansehen. Die Horváths waren in das Kleinstadtleben fest integriert, auch wenn man nicht so genau wußte, wovon die erwachsenen Söhne eigentlich lebten und auch wenn sich ihr Lebensstil grundsätzlich von dem der einheimischen Bevölkerung unterschied. Denn vom

Gartenzaun aus konnten es die Murnauer sehen: die Horváths waren „bessere Leute“ und hatten Geld. Mehrere Bedienstete mit Spitzenhäubchen servierten auf der Terrasse des „Herrn Baron“ das Essen.

Viele Stücke und Prosaskizzen Horváths wurzeln in Beobachtungen, Erlebnissen und Notizen während seiner Murnauer Jahre. Manchmal sind die Bezüge zu Murnauer Lokalitäten, Vorkommnissen und markanten Persönlichkeiten gar nicht zu übersehen, wie etwa in der Komödie „Zur schönen Aussicht“ (1927), in dem Volksstück „Italienische Nacht“ (1930) und in dem Roman „Jugend ohne Gott“ (1936). Manchmal beläßt es Horváth bei Andeutungen. In Murnau entstanden mehr oder weniger im Verborgenen seine berühmten Volksstücke „Italienische Nacht“ (1930), „Geschichten aus dem Wiener Wald“ (1931), „Kasimir und Karoline“ (1932), „Glaube Liebe Hoffnung“ (1933) und sein Roman „Der ewige Spießer“.

14

15

13: Seite aus dem Gästebuch von Christian Emhardt, mit kolorierter Zeichnung von Lajos von Horváth sowie Eintragungen von Mitgliedern der Familien von Horváth und Emhardt sowie Freunden, 1925

14: Edmund und Maria Hermine von Horváth, um 1910

15: Ödön von Horváth, Anfang der Dreißiger Jahre

„Sportmärchen“ und andere kleine Prosa

Ödön von Horváth widmete seiner damaligen Freundin Lizzy Seyd ein Poesiealbum mit „Sportmärchen“ mit den Worten: „Geschrieben zu Murnau im Jahre des Heils 1924 im Monate September“. Insgesamt entstanden im Laufe von sechs Jahren rund dreißig solcher Geschichten, die im Münchner „Simplicissimus“, in der „Berliner Zeitung am Mittag“ und in der „Berliner Volkszeitung“ veröffentlicht wurden.

Die kurzen, pointierten Prosaskizzen kombinieren Motive aus der Welt des Sports mit traditionellen Märchenmythen. Sportliche Disziplinen wie Klettern, Fußballspielen, Ringen, Boxen, Schifahren und Rennradfahren werden zu Personen aus Fleisch und Blut. Der Sport kam in den Zwanziger Jahren in Mode und ergriff die Massen. Zum erstenmal begannen Schriftsteller, Maler, Bildhauer, den Sport zum Gegenstand ihrer Werke zu machen. Sport repräsentierte das moderne Zeitgefühl.

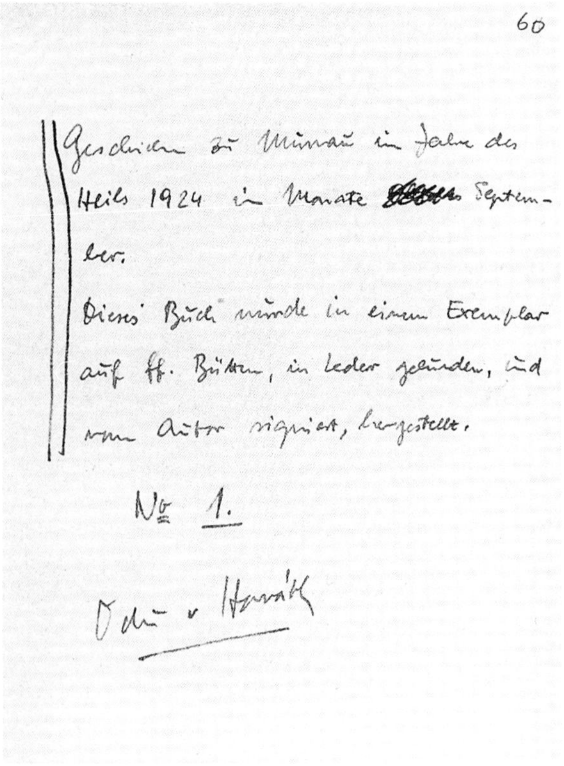
60

Geschrieben zu Murnau im Jahre des Heils 1924 im Monate ~~[illegible]~~ September.

Dieses Buch wurde in einem Exemplar auf ff. Bütten, in Leder gebunden, und vom Autor signiert, hergestellt.

No 1.

Ödön v. Horváth

16: Die letzte Seite des Poesiealbums mit den „Sportmärchen“

17

18

19

17: Ödön von Horváth und Lizzy Seyd im Garten des Murnauer Hauses, 1924

18: Ödön von Horváth und der Schriftsteller Wolf Justin Hartmann (1894–1968) im Murnauer Strandbad, Mitte der Zwanziger Jahre

19: Ödön von Horváth und Lizzy Seyd bei einer Bergtour, 1924

Ödön von Horváth interessierte sich weniger für den Sport als individuelles Körper- oder Naturerlebnis, sondern als gesellschaftliches Phänomen der Manipulation und Normierung. Über das Phänomen des fanatischen Sportzuschauers hellte er die brutale, geistlose Körperlichkeit dieser neuen Massenbewegung auf. Seine Studien betrieb er an Originalschauplätzen bei seinen zahlreichen Besuchen von Ringkämpfen, Boxkämpfen und Fußballspielen. Auch war er selber ein begeisterter Bergsteiger, Tourengeher und Schwimmer.

Schon als Siebzehnjähriger war er dem „Deutschen und Österreichischen Alpenverein" beigetreten. Murnau wurde zum Ausgangspunkt für Bergtouren ins Wettersteingebirge mit Zugspitze und Alpspitze. Mehrere „Sportmärchen" beschäftigen sich mit Kletterern, großen und kleinen Bergen, Mauerhakenzwergen, Eispickelhexen und mit Bergsteigern, die „in gar arger Weise ihre Ausrüstung" vernachlässigen.

20: Lajos von Horváth: „Morgenreigen der Mauerhakenzwerge". Aquarellierte Zeichnung zum Sportmärchen „Die Mauerhakenzwerge" von Ödön von Horváth

Auf seinen häufigen Bergtouren fand Ödön von Horváth einmal ein Skelett, entnahm dem halbverfaulten Rucksack und der Jacke Papiere und Gegenstände, um den Toten zu identifizieren, und brachte alles ins Tal auf die Polizeistation. Später porträtierte er diesen „ungeübten Bergsteiger“ im Sportmärchen „Begegnung in der Wand“.

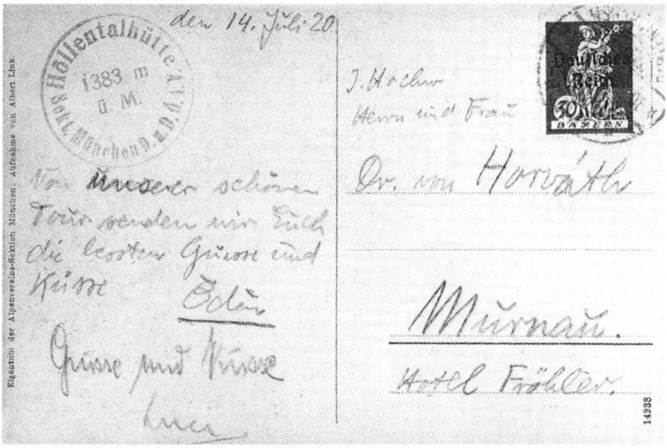

21: Postkarte der Brüder von Horváth an ihre Eltern in Murnau vom 14. Juli 1920 von der Höllentalhütte bei Garmisch-Partenkirchen

Darüber hinaus schrieb Ödön von Horváth mehrere kurze Prosatexte, die sich vor allem mit der Mentalität von Kleinbürgern auseinandersetzten. In der Murnauer Lokalzeitung „Staffelsee-Bote“ und in der Zeitschrift „Das Bayerland. Illustrierte Halbmonatsschrift für Bayerns Land und Volk“ fand er reichliches Rohmaterial für seine Kleinbürgerstudien. Das April-Heft von 1929 widmete sich ganz dem Thema „Murnau und der Staffelsee“. Ödön von Horváth zitiert daraus in mehreren Prosaskizzen.

In „Ein sonderbares Schützenfest“ von 1929 nimmt er die Schützenvereine als Brutstätten für entartete Heimatliebe und borniertem Nationalismus ins Visier. „Durch die Hauptstraße zogen Schützen, viele Schützen, lauter Schützen. Ein Schützenzug. Im gleichen Schritt und Tritt. Fürbaß. Ein Schützenzug. Mit wallenden Bärten und Gamsbärten, Gewehren und Bowiemessern, Standarten und heroischen Wunschträumen. Meist waren es bereits in Lederhosen Geborene, ...“[2]

Gemeint ist das bis heute in Murnau jährlich stattfindende „Graf-Arco-Schießen". Es erinnert daran, daß Graf Maximilian von Arco 1809 den Markt Murnau aus der Hand der Tiroler befreite. Der Kosmopolit kann nicht verstehen, „daß sich noch heute Deutsche dazu hergeben, einen Tag, an dem Deutsche auf Deutsche geschossen haben, durch ein Schützenfest zu feiern"[3] und kommt zu dem Schluß: „Dieses sonderbare Schützenfest ist wahrlich kein Zeichen partikularistischer Tendenzen, es ist lediglich ein Produkt sträflich leichtsinniger Gedankenlosigkeit, politischer Wurschtigkeit und Unwissenheit – das typisch politische Merkmal breiter Schichten des Mittelstandes."[4]

Auch in den Prosatext „Der Stolz Altenaus" läßt Horváth seine intensive Lektüre des „Bayerland"-Heftes „Murnau und der Staffelsee" einfließen. Mehr beiläufig rückt er das kulturelle und soziale Umfeld eines hemmungslosen Egoisten und rücksichtslosen Emporkömmlings ins Bild und bringt seine Mentalität in Zusammenhang mit der Geschichte des „Marktfleckens", dessen ganzer Stolz er ist. Machtansprüche und die brutale Verfolgung von Andersdenkenden haben den Ort jahrhundertelang geprägt:

22: Schützen ziehen durch Murnau, Anfang der Dreißiger Jahre

23: Schloß in Murnau, 1920er Jahre

„Der Marktflecken Altenau liegt in Mitteleuropa, unweit der nördlichen Kalkalpen, 840 Meter hoch über fernem Meere. Man ist sich nicht klar darüber, wann er gegründet worden war, es steht nur fest, daß sich ein rachsüchtiger Kaiser des heiligen römischen Reiches deutscher Nation mit einem hinterlistigen päpstlichen Hausprälaten um das Eigentumsrecht an den Wäldern und Wiesen und Häusern, nicht zu vergessen der Einwohner, einige Jahrzehnte lang gestritten haben. Infolgedessen wurden acht Altenauer verbrannt, drei gerädert, sieben sind verkommen im Gefängnis und einmal wurde sogar der halbe Markt eingeäschert."[5] Grundmotive und Personen dieser „kleinen Prosa" greift Ödön von Horváth in den späteren Theaterstücken und im Roman „Der ewige Spießer" wieder auf und variiert sie vielfach.

Kann ein Ungar Bayer werden?

Ödön von Horváth war überall zu Hause. Er hatte kein Problem damit, an verschiedenen Orten zu leben und verschiedene Sprachen zu sprechen. Doch mit der Zeit reifte in ihm der Wunsch, irgendwo ein Zuhause zu haben. Da es ihm in Murnau sehr gut gefiel, stellte er am 7. April 1927 bei der Marktgemeinde Murnau einen Antrag auf Einbürgerung. Er wollte bayerischer Staatsangehöriger werden und damit auch Deutscher. Für diesen Schritt war er bereit, auf seine ungarische Staatsbürgerschaft zu verzichten.

In sein Notizbuch notierte er:

„Meine Kindheit verbrachte ich in Belgrad, Budapest, Wien, München und Pressburg – mein Vater war an der österr. ung. Gesandtschaft tätig, daher dieser Wandertrieb. Daher kommt es auch, daß ich keine Heimat habe – nur eine Wahlheimat: Bayern."

Viermal hatte er während seiner Schulzeit die Unterrichtssprache gewechselt und fast jede Klasse in einer anderen Stadt verbracht. Jetzt fand er einen Platz, wo er nicht nur gerne bleiben, sondern auch dazugehören wollte. Der Murnauer Gemeinderat stimmte in seiner Sitzung vom 20. Juli 1927 mit einer knappen Mehrheit von 7 zu 6 Stimmen für einen Beschluß, der u. a. hervorhob, „daß kein Nachweis erbracht ist, ob Gesuchsteller imstande ist, sich dauernd selbständig zu ernähren" (Vgl. S. 69) und kam zu dem Ergebnis: „die nachgesuchte Einbürgerung wird deshalb nicht begutachtet" (Vgl. ebenda), d. h. nicht befürwortet. Dann wurde das Gesuch an das Bezirksamt Weilheim weitergeleitet, nach genauester Prüfung aller Angaben befürwortet und der Regierung von Oberbayern zur endgültigen Entscheidung vorgelegt. Diese folgte dem Votum der Marktgemeinde Murnau und entschied am 18. Mai 1928, daß „dem Schriftsteller Edmund von Horváth von Budapest die Einbürgerung in Bayern nicht in Aussicht gestellt werden" (LRA 138 989) kann. Der Wohlstand der Eltern konnte offensichtlich nicht die Unsicherheit seiner Einkünfte kompensieren. Horváth war enttäuscht und betonte in der Folge seine kosmopolitische Herkunft und seine weltoffene Lebenseinstellung.[6]

So distanzierte er sich ein Jahr später in der Zeitschrift „Der Querschnitt" von Nationalismus und Vaterlandsliebe und strich seine Heimatlosigkeit besonders heraus: Er fühle sich dem „deutschen Kulturkreis" und dem „deutschen Volke" zugehörig; die deutsche Sprache sei seine Muttersprache, sie sei seine eigentliche geistige Heimat. In der Prosaskizze „Ein sonderbares Schützenfest" von 1929 erklärte er einem „nationalistisch gefälschten" Vaterlandsbegriff eine klare Absage, würdigte jedoch gleichzeitig die herausragenden Leistungen der deutschen Kulturnation und kommt zu dem Schluß: „– mir, als sogenanntem Auslandsdeutschem, als von den garantiert echten Vaterländischen unter der Rubrik „Internationalist" Geführtem, mir wurd es übel, Zeuge dieser entarteten Heimatliebe zu sein."

§ 13 ff. der Min.-Bek. v. 3. März 1916, MABl. 1916 S. 24.

Nr. III/1797

Gesuch um Einbürgerung.

Murnau, den 7. April 1927.

I. Vor der unterfertigten Gemeindebehörde erscheint

Herr Edmund Josef von Horvath,
(Vor- und Zuname, sämtliche Vornamen aufführen, Rufnamen unterstreichen)

Glaubensbekenntnis: röm. kath., Familienstand: ledig,

Beruf (auch frühere Berufe): Schriftsteller,

geboren am 9. Dezember 1901 zu Fiume,

Bezirk: selbst, Land: Italien,

zuständig nach Budapest - Ungarn,

in hiesiger Gemeinde wohnhaft seit 1923

derzeitige Wohnung: Bahnhof-Straße, Hs.-Nr. 76a

und erklärt: Ich stelle das Gesuch um **Verleihung der bayerischen Staatsangehörigkeit** gegen Bezahlung der gesetzlichen Einbürgerungsgebühr und mache über meine persönlichen Verhältnisse nachstehende Angaben:

bisherige Staatsangehörigkeit (auch frühere): Ungarn

Nationalität (Pole, Tscheche, Ruthene, usw.): Ungar

Tag und Ort der Eheschließung: ./.

Militärverhältnis { im Heimatstaate:
im Inland: ./.

Aufenthaltsorte seit meiner Geburt: Fiume, Belgrad, Budapest, Bratislava (Pressburg), Wien, München, Berlin, Bad Reichenhall, Murnau.

Personalien meiner Eltern:

	Des Vaters:	Der Mutter:
Name:	Dr. Edmund v. Horvath	Maria v. Horvath geb. Prehnal
Wohn- oder Aufenthaltsort:	München	Murnau
Sterbeort:	./.	./.
Glaubensbekenntnis:	röm. kath.	röm. kath.
Staatsangehörigkeit:	Ungarn	Ungarn
Nationalität:	Ungarn	Deutsch

Nr. 12b. Verlag von J. Maiß, München, Herrnstraße 8.

24: Gesuch um Einbürgerung, gestellt bei der Marktgemeinde Murnau im April 1927 (I. Seite)
Weitere Dokumente zum Einbürgerungsverfahren siehe S. 66 – 71

Fiume, Belgrad, Budapest, Preßburg, Wien, München ...

Von *Ödön Horváth.*)*

Sie fragen mich nach meiner Heimat, ich antworte: ich wurde in Fiume geboren, bin in Belgrad, Budapest, Preßburg, Wien und München aufgewachsen und habe einen ungarischen Paß — aber: „Heimat"? Kenn' ich nicht. Ich bin eine typisch altösterreichisch-ungarische Mischung: magyarisch, kroatisch, deutsch, tschechisch — mein Name ist magyarisch, meine Muttersprache ist deutsch. Ich spreche weitaus am besten Deutsch, schreibe nunmehr nur Deutsch, gehöre also dem deutschen Kulturkreis an, dem deutschen Volke. Allerdings: der Begriff „Vaterland", nationalistisch gefälscht, ist mir fremd. Mein Vaterland ist das Volk.

Also, wie gesagt: ich habe keine Heimat und leide natürlich nicht darunter, sondern freue mich meiner Heimatlosigkeit, denn sie befreit mich von einer unnötigen Sentimentalität. Ich kenne aber freilich Landschaften, Städte und Zimmer, wo ich mich zu Hause fühle, ich habe auch Kindheitserinnerungen und liebe sie, wie jeder andere. Die guten und die bösen. Ich sehe die Straßen und Plätze in den verschiedenen Städten, auf denen ich gespielt habe, oder über die ich zur Schule ging, ich erkenne die Eisenbahn wieder, die Rodelhügel, die Wälder, die Kirchen, in denen man mich zwang, den heiligen Leib des Herrn zu empfangen — ich erinnere mich auch noch meiner ersten Liebe: das war während des Weltkrieges in einem stillen Gäßchen, da holte mich in Budapest eine Frau in ihre Vierzimmerwohnung, es dämmerte bereits, die Frau war keine Prostituierte, aber ihr Mann stand im Feld, ich glaube in Galizien, und sie wollte mal wieder geliebt werden.

Horváth

Meine Generation, die in der großen Zeit die Stimme mutierte, kennt das alte Oesterreich-Ungarn nur vom Hörensagen, jene Vorkriegsdoppelmonarchie, mit ihren zweidutzend Nationen, mit borniertestem Lokalpatriotismus neben resignierter Selbstironie, mit ihrer uralten Kultur, ihren Analphabeten, ihrem absolutistischen Feudalismus, ihrer spießbürgerlichen Romantik, spanischer Etikette und gemütlicher Verkommenheit.

Meine Generation ist bekanntlich sehr mißtrauisch und bildet sich ein, keine Illusionen zu haben. Auf alle Fälle hat sie bedeutend weniger als diejenige, die uns herrlichen Zeiten entgegengeführt hat. Wir sind in der glücklichen Lage, glauben zu dürfen, illusionslos leben zu können. Und das dürfte vielleicht unsere einzige Illusion sein. Ich weine dem alten Oesterreich-Ungarn keine Träne nach. Was morsch ist, soll zusammenbrechen, und wäre ich

*) Der 27jährige Dichter ist der Autor des Volksstückes „Die Bergbahn", das seine erfolgreiche Uraufführung an der Berliner Volksbühne erlebte.

136

25: Erstmals erschienen in „Der Querschnitt", Heft 2. 1929.
Die Zeitschrift „Der Querschnitt", 1921 von Paul Flechtheim begründet, erschien seit 1924 im Propyläen-Verlag, Berlin

Flucht aus der Stille – zurück auf die Fürstalm

Verständlich, daß es Ödön von Horváth ab und zu in der „erholsamen Stille“ Murnaus zu eng wurde und es ihn in die Metropole Berlin zog. Kurzzeitig spielte er sogar mit dem Gedanken, ganz nach Berlin umzuziehen, denn Berlin war in den Zwanziger Jahren der kulturelle Mittelpunkt des Deutschen Reiches. Auch boten sich einem angehenden Schriftsteller dort diverse Verdienstmöglichkeiten. Regelmäßig schrieb Horváth für Berliner Zeitungen Kurzkolumnen, seine Theaterstücke und Bücher wurden dort im Ullstein-Verlag verlegt, seine Volksstücke waren im „Theater am Bülowplatz“, am „Deutschen Theater Berlin“, im „Komödienhaus“ und im „Theater am Schiffbauerdamm“ zu sehen. Durch das Theater gewann Ödön von Horváth in Berlin viele Freunde: Carl Zuckmayer, Walter Mehring, Geza von Cziffra, Francesco von Mendelssohn, Eleonore von Mendelssohn, Luise Ullrich. In Berlin wurde ihm im Herbst 1931, zusammen mit Erik Reger, der renommierte Kleist-Preis zuerkannt. Ödön von Horváth blieb aber nur so lange in Berlin, wie es seine Arbeit unbedingt erforderte und übernachtete häufig in kleinen, billigen Pensionen, meist in der Gegend um den Nollendorf-Platz.

Dann kehrte er auf der Flucht vor Lärm, Betriebsamkeit und Großstadtrummel nach Murnau zurück. Sein Schriftstellerfreund Carl Zuckmayer erinnert sich: „Ödön neigte in seinen jungen Jahren zu einer gewissen Dicklichkeit, was nichts ausmachte, da er hochgewachsen war. Er war keineswegs ein großer Esser, er soff

26: Berlin, Potsdamer Platz, um 1925

27

27: Fürst-Alm bei Murnau, Mitte der Zwanziger Jahre

28: Redaktions-Räume der Lokalzeitung „Der Staffelsee-Bote“ im Obermarkt Murnau

28

29

30

29: Josef Fürst auf seiner Alm bei Murnau, Ende der Zwanziger Jahre

30: Ödön und Lajos von Horváth mit Gustl Emhardt auf der Fürst-Alm in Murnau, Mitte der Zwanziger Jahre

auch nicht, aber er trank gerne Bier in den kleinen Kneipen von Berlin, München und Wien, und der einzige Sport, mit dem er sich beschäftigte, waren die großen Fußballkämpfe an Sonntagnachmittagen, aber nur als Zuschauer. Er empfand sich selbst als einen Bayer aus Murnau, dort lebte seit einiger Zeit seine Familie, dort lebten seine Modelle – auch die Dialektanklänge in seinen Stücken sind durchweg mehr bayerisch als österreichisch gefärbt."[7]

Eines seiner Murnauer Lieblingslokale war „Die Fürst-Alm". Im Sommer saß er häufig bei einem Glas Rotwein auf der Terrasse, spielte mit Freunden Schach und genoß „den instruktiven Überblick über eine typisch oberbayerische Landschaft." Der Stammgast widmete Wirt und Wirtschaft den Text „Die Fürst-Alm". Nicht nur die holzgetäfelte „Alm" erregte sein Interesse, sondern auch die kuriose Erscheinung des Wirts. Josef Fürst (1863–1940) war ein Tausendsassa des Murnauer Vereins- und Kulturlebens. Er begründete den örtlichen „Gebirgstrachten-Erhaltungsverein", jahrzehntelang hatte er den Vorsitz des Turnvereins inne und war der Herausgeber des „Staffelsee-Bote[n]".

Mitte der Zwanziger Jahre zog sich Josef Fürst auf seine Alm am Ortsrand Murnaus zurück und eröffnete dort ein Aussichtscafé mit Gartenbetrieb. Damit wurde nach Meinung des „Staffelsee-Bote[n]" einer der schönsten Aussichtspunkte unseres Ortes... der Allgemeinheit zugänglich gemacht."

Selbst in Berlin träumte Ödön von Horváth von diesem „schönsten Punkt am nördlichen Rande der bayerischen Alpen". Seiner Freundin Lotte Fahr schrieb er: „... aber wenn Du wüsstest, wie ich hier herumgehetzt werde, es ist wirklich nicht mehr schön und ich sehne mich nach der Fürstalm, um mit Dir Schachspielen zu können."

In Berlin und Murnau, den gegensätzlichsten Biotopen der Zwischenkriegszeit, studierte Horváth die Abgründe der Kleinbürgerseele am lebenden Objekt.

„Zur Schönen Aussicht“, 1926

Eine „windige Pension in Murnau“ (Lajos von Horváth) regte Ödön von Horváth zur Komödie „Zur schönen Aussicht“ an, die 1926 entstand. Den Stoff dazu fand er in der heruntergekommenen Hotelpension „Zur Schönen Aussicht“ schräg gegenüber der Villa der Horváths in der Bahnhofstraße.

In dem ursprünglich erstklassigen Hotel namens „Hotel Fröhler“ verbrachte die Familie Horváth 1920 und 1921 den Sommer. Das Hotel wurde Ausgangspunkt zahlreicher Ausflüge und Bergtouren auf die Zugspitze (2964 m), Deutschlands höchstem Berg.

1924 wurde dort Murnaus erste Radiostation errichtet. Die Murnauer fanden sich dort regelmäßig ein, um das äußerst schmale Programm zu hören. Dann kam das Hotel langsam herunter. 1927 wurde der hochaufragende Fachwerkbau verkauft und in ein Miethaus umgebaut. Anfang der 80er Jahre wurde es abgerissen.

Das Theaterstück „Zur schönen Aussicht“, das erst 1969 uraufgeführt wurde, zeigt vor der Kulisse eines idyllischen Alpenpanoramas den trostlosen Alltag einer dem Untergang geweihten Gesellschaft. In dieser gallbitteren Komödie richten sich in dem heruntergewirtschafteten, dem Bankrott preisgegebenen Hotel gleichen Namens verkrachte Existenzen gegenseitig zugrunde. In ihrem Gefühlsleben sind sie verroht und ausschließlich auf ihren eigenen Vorteil bedacht. Tabus kennen sie nicht; für Geld ist alles zu haben.

31: Kurhaus Staffelsee, später umbenannt in „Strand-Hotel“, direkt am Staffelsee in der Murnauer Bucht gelegen

32: Hotel „Villa Steiger", „Hotel Fröhler" später umbenannt in „Hotel Zur Schönen Aussicht", „Hotel Schönblick" und „Hotel Bellevue"

„Nach der Saison" sollte das Stück ursprünglich heißen, in dessen erstem Entwurf Horváth viele Murnauer bei ihrem richtigen Namen nennt. Offensichtlich flossen in die Komödie Beobachtungen und Erfahrungen ein, die Ödön von Horváth als Stammgast des „Strand-Hotels" und des Café „Seerose" mit dem Wirt und dem dortigen Personal gemacht hatte. Auch bei den Recherchen zu diesem Stück dienten ihm Nachrichten aus dem „Staffelsee-Bote[n]" als Rohstoff. Ihm verdankte er einige gute Fundstücke und Einfälle für spätere Stücke. So berichtete das Lokalblatt damals von zwei gesuchten Mördern, die im Strand-Hotel als Gäste untergetaucht waren und ein Leben auf großem Fuße führten. Mehrere Schieber und Betrüger überwinterten laut Zeitung in Murnau.

„Revolte auf Côte 3018" 1927, „Die Bergbahn" 1929

In dem Volksstück „Revolte auf Côte 3018", das nach verschiedenen dramatischen Entwürfen am 4. November 1927 in Hamburg als Horváths erstes Bühnenwerk uraufgeführt wurde, geht es um die schlechten Arbeitsbedingungen unter extrem harten Witterungsverhältnissen beim Bau einer Bergbahn. Gemeint ist der Bau der Tiroler Zugspitzbahn in Ehrwald von 1924 bis 1926.

Ödön von Horváth hatte sich in Berlin als Arbeiter ausgegeben, der selbst beim Zugspitzbahnbau gearbeitet hatte und nun das Selbsterlebte zu einem Bühnenstück geformt hatte. Der Schriftsteller Carl Zuckmayer erinnert sich: „Als ich Ödön von Horváth zum ersten Mal begegnete, trug er ein schwarzes Hemd und verbeulte Manchesterhosen. Das war damals, 1929, keineswegs üblich, auch nicht unter Studenten oder Literaten.... Wir trafen uns in der Kantine der Berliner Volksbühne, die kurz vorher seine erste Aufführung in Berlin, das Stück ‚Die Bergbahn', herausgebracht hatte. Karlheinz Martin, Direktor der Volksbühne, hatte uns zusammen bestellt. ‚Du wirst einen erstaunlichen Menschen kennenlernen', hatte er mir gesagt, ‚einen bayerischen Bahnarbeiter ungarischer Abstammung, der Stücke schreibt.'

...Plötzlich sagte Ödön ‚Sie haben mich durchschaut'. Ich wußte natürlich, was er meinte. Für die Leute von der Volksbühne war es ein Fressen, das Stück eines ‚echten Proletariers' aufzuführen, der selbst an der Zugspitzbahn gearbeitet hatte, und er hatte ihnen den Gefallen getan, eine Zeitlang diese Rolle zu spielen. Dabei brauchte man nur seine Hände anzusehen..."[8]

In Wahrheit erfuhr der leidenschaftliche Alpinist auf seinen zahlreichen Bergtouren auf die Zugspitze von den Unfällen und skandalösen Bedingungen beim Bergbahnbau. Oft besuchte er Anselm Barth, den damaligen Hüttenwirt des „Münchner Hauses", mit dem er zu der Zeit eng befreundet war. In dem 1900 errichteten Schutzhaus unterhalb des Zugspitzgipfels traf er mit den Bergbahnarbeitern zusammen, die den gefährlichen Weg von der Baustelle zum „Münchner Haus" auf sich nahmen, um in Gesellschaft ein Bier zu trinken. Ihre erschütternden Berichte über Witterungsverhältnisse, unzureichende Ausrüstung, schlechte Verpflegung, Lohnausstände, Unfälle und Streitigkeiten mit der Bauleitung flossen später in Horváths erstes Volksstück ein. Darüber hinaus berichteten Zeitungen, die Horváth möglicherweise las, über Unfälle und über einen Aufstand der Arbeiter beim Bau der Tiroler Bergbahn im Mai 1926, weil die Betriebsleitung mit Lohnzahlungen im Rückstand war und vereinbarte Lohnerhöhungen nicht eingehalten wurden.

33: Ödön von Horváth auf einer Bergtour mit Freunden, um 1925

34: Arbeiter beim Bau der Zugspitzbahn Ehrwald / Tirol, 1925/26

Horváth geht es in seinem ersten Volksstück um die Schattenseiten beim Bau eines solchen Wunderwerkes der modernen Technik, das letztendlich allein von Geldinteressen regiert wird. Im Wettrennen der österreichischen und bayerischen Seite zum Zugspitzgipfel blieben die Arbeiter auf der Strecke. Beim Tiroler Zugspitzbahnbau kamen mindestens vier Menschen ums Leben. In Horváths Stück forderte der Streik drei Tote.

Das Volksstück fand so wenig Zuspruch durch die Kritik, daß der Autor in einer weiteren Umarbeitung wichtige Aussagen mäßigte. Die Neufassung wurde unter dem neuen Titel „Die Bergbahn" 1929 in Berlin mit mehr Erfolg aufgeführt.

„Italienische Nacht" 1931

Im Volksstück „Italienische Nacht" vertreiben sich die Parteimitglieder des fortschrittlichen „Republikanischen Schutzverbandes" die Zeit beim Kartenspielen und organisieren eine harmlos-sentimentale „Italienische Nacht" mit Tanz und Theater, während die Ortsgruppe der Faschisten mit Geländeübungen, militärischen Aufmärschen und einem „Deutschen Tag" zum Umsturz der Demokratie rüstet.

Vorbild für die „süddeutsche Kleinstadt“ war der Markt Murnau. Mit seinen etwa 3000 Einwohnern – vorwiegend Handwerker, Geschäftsleute, höhere Beamte, Pensionisten, ehemalige Offiziere – lieferte der Ort dem Schriftsteller Ödön von Horváth lebensnahe Charaktere und eine echte Kleinstadtatmosphäre. Die Zeit der Inflation und Wirtschaftskrise erlebte er in Murnau. Dort hatte er die Schicht vor Augen, die die Entwicklung des Nationalsozialismus ausschlaggebend beeinflußte: Angestellte und Selbständige aus dem Mittelstand. Sie wollte er auf die Bühne bringen. Den Zeitkritiker interessierte, warum gerade sie dem sich rasch ausbreitenden Nationalsozialismus nichts entgegensetzten, warum gerade sie für diese Ideen so anfällig waren. Die schlechte wirtschaftliche Lage zog den Menschen den Boden unter den Füßen weg, riß ihnen die Maske vom Gesicht. Sie hatten panische Angst davor, plötzlich mittel- und arbeitslos dazustehen, nichts mehr zu haben und folglich nichts mehr zu sein. Dafür bot Murnau als „Hochburg des Nationalsozialismus“ reiches Anschauungsmaterial.

Anfang des 20. Jahrhunderts lebten in Murnau etwa 40 Offiziere und Personen rechter Couleur. Einige von ihnen spielten später in der nationalsozialistischen Bewegung eine nicht unbedeutende Rolle.[9] Gottfried Feder zog mit seiner Familie im April 1920 nach Murnau. Im September 1919 ein halbes Jahr zuvor, hatte er Adolf Hitler kennengelernt. Zu dieser Zeit betrieb Feder in München ein Unternehmen für Hoch- und Tiefbau. In den folgenden Jahren entfaltete er große politische Aktivitäten. Im Oktober 1920 gründete er auch in Murnau eine Ortsgruppe des „Kampfbundes zur Brechung der Zinsknechtschaft“. 1923 verfaßte er die von Hitler als „Katechismus der Bewegung“ bezeichnete Programmschrift „Der deutsche Staat auf nationaler und sozialer Grundlage.“ Adolf Hitler machte ihn 1933/34 zum Staatssekretär im Reichswirtschaftsministerium. Dann wurde er wegen seiner mittelständisch-antikapitalistischen Vorstellungen entmachtet.

Andere Zuzügler gründeten in Murnau Vereinigungen national-chauvinistischer Ausrichtung. Ein Beispiel dafür ist Major Pöppl. Der ehemalige Kämpfer in der deutschen Kolonie Südwest-Afrika (heutiges Namibia) trug auch im Alltag seine Südwest-Uniform und gründete in Murnau den „Verein für das Deutschtum im Auslande“.

35

Achtung Deutsche Volksgenossen! — Erscheint in Massen!

Nächsten Sonntag, den 6. Mai nachmittags 1/2 4 Uhr

spricht der Führer der deutschen Freiheitsbewegung

ADOLF HITLER

in großer, öffentlicher Versammlung in der Turnhalle zu Murnau über

„Der Nationalsozialismus-Deutschlands Zukunft‘

Eintritt 200 Mark (zur Deckung der Unkosten). — Kriegsbeschädigte haben freien Zutritt! Juden ist der Besuch verboten!

Die Nationalsoz. Deutsche Arbeiter-Partei
Ortsgruppe Murnau.

36

37

35: Nationalsozialisten ziehen durch die Murnauer Hauptstraße, um 1930

36: Werbung im „Staffelsee-Bote“ vom 6. Mai 1923

37: Mitglieder des „Vereins für das Deutschtum im Auslande“, Ortsgruppe Murnau, 1928 Hintere Reihe, ganz rechts, der ehemalige Major Pöppl in Südwest-Uniform, vor ihm 2. v. r. die Lehrerin Martha Meyer

1927 zählte die Ortsgruppe Murnau 99 Erwachsene und 90 Schüler. Die Lehrerin Martha Meyer studierte mit der Schülergruppe des Vereins 1926 das Stück „Von deutschem Geist“ ein.

Adolf Hitler hielt in der Murnauer Turnhalle bereits im Mai 1923 eine viel bejubelte Rede vor 2000 Zuhörern. Überdurchschnittlich viele Murnauer wählten zwischen 1928 und 1933 die NSDAP.

Ödön von Horváth hat die Aktivitäten des „Vereins für das Deutschtum im Ausland“ in „Italienische Nacht“ einfließen lassen. Er schreibt „Major in ehemaliger Kolonialuniform“ und meint Major Pöppl. Doch auch andere Murnauer Ereignisse, Lokalitäten und markante Persönlichkeiten finden sich in dem Volksstück „Italienische Nacht“ wieder, das zunächst „Wochenend am Staffelsee“, dann „Ein Wochenendspiel“ heißen sollte.

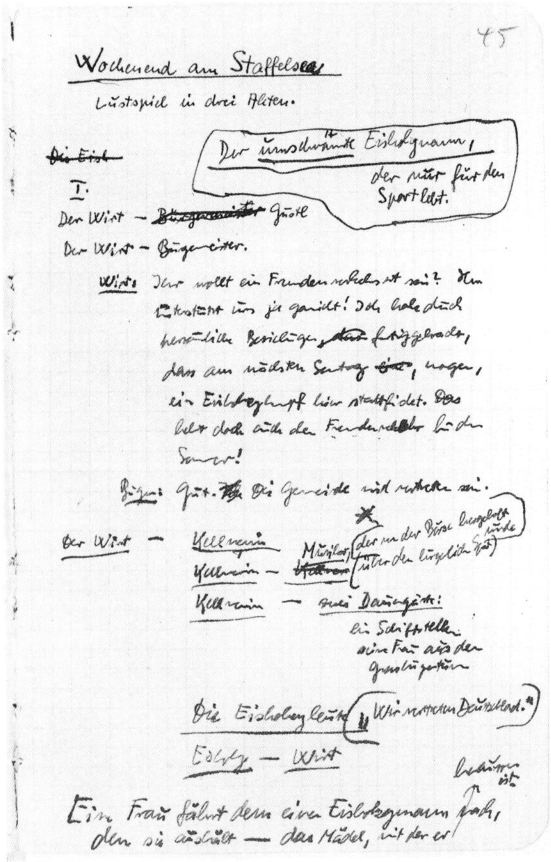
Wochenend am Staffelsee
Lustspiel in drei Akten.

38: Handschriftlicher Entwurf zu „Wochenend am Staffelsee. Lustspiel in drei Akten“, eine Vorarbeit zum Volksstück „Italienische Nacht“

39: Der „Pantlkeller" in Murnau, Gaststätte mit Gartenbetrieb, um 1930

Das „Gartenlokal des Josef Lehninger" hat den Biergarten des „Pantlkeller" und den des „Café Seerose" zum Vorbild. Die „Aufmärsche der Faschisten" sind an die Fahnenweihe des Frontkriegerbundes Murnau im August 1926 und an die Einquartierung der Reichswehr im April 1929 angelehnt.

Das provozierende Auftreten der „Unverbesserlichen", meist Jugendliche aus sozial schwachen Familien, inspirierte Horváth zur Gestaltung von „Martin und seine Kameraden". Die „Verunglimpfung des König-Ludwig-Denkmals im August 1924" durch den Fleischer und Boxer Ludwig Haller wird in der Regieanweisung „Zwei Burschen bemalen das Antlitz des Landesvaters mit roter Farbe" zu Literatur.

Der Ullstein-Verlag bestätigte Horváth am 18. November 1930 die Annahme seines Volksstücks „Wochenendspiel" für den Bühnenvertrieb durch den Arcadia-Verlag. Die Uraufführung von „Italienische Nacht" fand am 20. März 1931 im Theater am Schiffbauerdamm in Berlin unter der Regie von Francesco von Mendelssohn statt. Der Schriftsteller Carl Zuckmayer schreibt an Horváth: „Der große Reiz des Stückes liegt für mich vor allem in der bezaubernden Leichtigkeit und Echtheit der Dialoge, deren Verknüpfungen und geistige Hintergründe ebenso sicher wie absichtslos, unaufdringlich, spürbar sind, – und in der Luft zwischen den Menschen, der Lebensdichtheit der Atmosphäre. … Ihr Weg ist richtig, er führt zu neuer Menschengestaltung, zu neuer Lebensdeutung, zum neuen deutschen Drama. Ich beglückwünsche Sie dazu!"

Saalschlacht in Murnau 1931

Am 1. Februar 1931 hatte Ödön von Horváth Freunde zur Bahn gebracht und kehrte dann in der „Gaststätte Kirchmeir“ (später umbenannt in Gasthof Traube) ein, wo die Sozialdemokratische Partei Deutschlands (SPD), Ortsgruppe Murnau, eine öffentliche Parteiversammlung zum Thema „Demokratie oder Diktatur“ abhielt. Hauptredner war Erhard Auer, der Vizepräsident des Bayerischen Landtages.

Horváth, der leidenschaftlich gerne die Menschen mit seiner scharfen Beobachtungsgabe sezierte, wurde Augenzeuge einer Schlägerei zwischen sozialdemokratischen Reichsbannerleuten und Nationalsozialisten. Viele Nationalsozialisten waren mit Bussen und mit der Bahn aus der ganzen Umgebung angereist mit dem Auftrag, diese Versammlung zu sprengen. 26 Personen wurden zum Teil erheblich verletzt. Der angerichtete Sachschaden belief sich auf 2800 Reichsmark. Das „Murnauer Tagblatt – Staffelsee-Bote“ vom 2. Februar 1931 fängt die Stimmung ein, die kurz nach der Saalschlacht herrschte:

40: Denkmal von König Ludwig II. an der Kohlgruber Straße in Murnau

41: Murnau, Hauptstraße mit Gasthaus Traube, vormals Gaststätte und Weinhaus „Kirchmeir“, 1933

42: Ödön von Horváth, um 1930

„Die Sympathie ist hier in Murnau unbedingt auf Seite der Nationalsozialisten". Am 20. Juli 1931 fand vor dem Amtsgericht Weilheim ein Prozeß gegen 33 Versammlungsteilnehmer wegen Landfriedensbruchs statt. Unter den Angeklagten: 26 Nationalsozialisten, darunter mehrere alteingesessene Murnauer, die Horváth vom Stammtisch her kannte. Von Anfang an Mitglieder der NSDAP, schwammen sie mit der Partei nach oben. Die Nationalsozialisten wurden von hochkarätigen Anwälten vertreten, unter ihnen Dr. Hans Frank, Hitlers Rechtsberater und späterer „Generalgouverneur" von Polen.

Unter den 50 Zeugen: Ödön von Horváth.

Ödön von Horváth belastete mit seiner beeidigten Aussage am 20. Juli 1931 die NSDAP-Mitglieder schwer und bezog damit eindeutig Stellung gegen die nationalsozialistische Bewegung. Der Prozeß endete am 1. August 1931 mit dem Freispruch fast aller Nationalsozialisten. Die wenigen Verurteilten gingen in Berufung. Vor dem Landgericht München II bekräftigte Horváth Ende Oktober 1931, er habe den „bestimmten Eindruck gehabt, daß die Schlägerei von den Nationalsozialisten planmäßig vorbereitet war". Das Revisionsverfahren endete mit dem Freispruch aller Nationalsozialisten. Horváths Ansehen in Murnau war damit endgültig verspielt. Nur noch wenige Freunde hielten zu ihm.

Zur Person:

H o r v a t h Ödön, 30 Jahre alt, led. Schriftsteller in Murnau, c.g.n.

Zur Sache:

Am Tage der Versammlung war ich bis 1.40 Uhr am Bahnhof. Als um 1.10 Uhr die beiden Züge aus Richtung Garmisch und Weilheim kamen, stiegen etwa 60 - 70 junge Leute aus, die ich später als Nationalsozialisten erkannte. Am Bahnhof stand auch Engelbrecht im Warteraum 1. u. 2. Klasse und schaute durch die Glastüre hinaus auf die Kommenden. Ich habe mich gewundert, daß Engelbrecht nicht am Bahnsteig stand. Vom Bahnhof aus ging ich mit den jungen Leuten in den Kirchmaiersaal und setzte mich an einem Tisch in der Nähe des Musikpodiums, wo ich bis zum Schluß der Versammlung blieb. An meinem Tisch sassen auch Reichsbannerleute und ich hörte da zum erstenmal, daß die Versammlung von den Nationalsozialisten gesprengt werden solle. Ich kann nicht sagen, ob auf den Plakaten freie Diskussion zugelassen war. 1/4 Stunde vor Beginn der Versammlung kam der Zug 13 und verteilte Flugblätter und die "Münchener Post". Der Zug 13 verließ dann wieder den Saal und erst gegen Ende der Rede des Herrn Auer sah ich wieder ca. 14 Leute des Zugs 13. Die Gendarmerie stand hauptsächlich am Büfett. Auf dem Musikpodium stand ein Nationalsozialist, der während der Rede des Herrn Engelbrecht Unterstützungsrufe machte, derselbe wurde auch von den Reichsbannerleuten zurechtgewiesen. Am Tische des Herrn Engelbrecht stand ein Herr, der während der Rede des Herrn Auer Zischenrufe machte. Was er rief, weiß ich nicht. Er wurde von Herrn Fink angesprochen. Die Rede des Herrn Engelbrecht war nach meinem Empfinden sehr provozierend. Engelbrecht sagte, daß die Jacken der Reichsbannerleute von Sklarek bestellt wurden. Seine Rede klang mit einem "Heil Hitler" aus, Dann fingen die Leute das Singen an. Ich kannte das Horst-Wessellied nicht, und als ich hörte, wie einige riefen: "Hände hoch", erhob ich auch momentan die Hand. An der Fensterseite und an der Seite, an der das Klavier stand, waren die meisten Nationalsozialisten. Ich konnte sie daran erkennen, weil sie beim Singen des Horst-Wesselliеds die Hände erhoben hatten. Engelbrecht hatte auch mit erhobener Hand gesungen. Sehr kurz nach Beginn des Liedes stieg ein Mann auf einen Stuhl und bot - nach meiner Ansicht durch seine Bewegungen mit den Armen - Ruhe. Als dann die Schlägerei begann, drückte der Saalschutz die Leute gegen die Fensterseite, damit dieselben durch die Fenster hinaus konnten. Nach meiner Ansicht wurden die Biergläser von den Nationalsozialisten geworfen. Ein Nationalsozialist wollte mich mit einem Stuhl schlagen, er wendete sich dann wieder von mir ab und schlug den Stuhl einem anderen auf den Kopf. Ich habe nicht gesehen, daß Leute des Saalschutzes mit Gummiknütteln oder Schlagringen zugeschlagen haben. Die Reichsbannerleute, die in meiner Nähe waren, haben sich hauptsächlich gewehrt. Am Schluß der Schlägerei, die höchstens 3 - 4 Minuten dauerte, konnte ich feststellen, daß das Reichsbanner Verstärkung erhalten hatte. Im Saal war nach der Schlägerei alles zertrümmert. Sollten, wie mir soeben vorgehalten wird, im hinteren Teil des Saales etwa 200 Mann gewesen sein, was ich nicht schätzte, dann waren etwa 150 Nationalsozialisten darunter. Als später in der Post Engelbrecht zu mir kam, mußte ich ihm sagen, daß ich mit einem Mann, der die Sprengung einer Versammlung herbeiführte, nichts mehr zu tun haben wolle.

Zeug.Ge 173.20

Der Verteidiger Dr. Reiter stellte dann den Antrag, den Posthalter Wagner in Murnau als Zeugen dafür zu laden, daß ihm gegenüber der Zeuge Horvath erklärt hat: "Es ist aber so schnell hergegangen, daß ich nicht sagen kann, wer angefangen hat".

Der Staatsanwalt beantragte, den Antrag des Verteidigers Dr. Reiter als unbehelflich abzulehnen.

43: Gerichtsprotokoll der Zeugenaussage von Ödön von Horváth im Saalschlachtprozeß, Revisionsverfahren, 31. Oktober 1931, 2 Seiten. Typoskript

Flucht aus Murnau

Horváths Gegnerschaft zur Murnauer NSDAP gipfelte in einem Streit zwischen ihm und SA-Männern in seinem Stammlokal „Hotel Post“. Während der Revolution 1918/19 hatte der rote Soldatenrat in diesem Hotel mitten in der Marktstraße sein Geschäftszimmer. Jetzt trafen sich dort die Größen der örtlichen NSDAP.

Am Abend des 10. Februar 1933 übertrug der Bayerische Rundfunk die erste Rede des frisch ernannten Reichskanzlers Adolf Hitler aus dem Berliner Sportpalast, die von sämtlichen deutschen Sendern übertragen wurde, auch vom Bayerischen Rundfunk. Horváth fühlte sich von der bellenden Stimme Adolf Hitlers belästigt und forderte die Bedienung auf, das Radiogerät abzuschalten. Das provozierte anwesende Nationalsozialisten. Es kam zu heftigen Auseinandersetzungen. Zwei SA-Leute schafften Horváth aus dem Lokal und brachten ihn nach Hause. Er verließ am nächsten Morgen Murnau und fuhr zunächst nach München, dann nach Österreich. In der Villa seiner Eltern fand eine Hausdurchsuchung statt, möglicherweise um die Familie einzuschüchtern und durch Repressalien zu vertreiben. Auf einen Zeitungsbericht hin ließ Horváth durch seinen Rechtsanwalt richtigstellen, daß er „keine Bemerkungen, noch weniger Bemerkungen schlimmster Art gemacht“ hat. Die Meldung wurde am 14. Februar im „Völkischen Beobachter“ aufgegriffen.

Das Klima hatte sich in Murnau verschärft. Die Nationalsozialisten beanspruchten den Ort für sich. So heißt es in einem Flugblatt anläßlich der Verleihung des Ehrenbürgerrechtes an Adolf Hitler 1933:

Murnau - Hauptstraße mit Hotel Post

44: „Hotel Post“ in der Murnauer Hauptstraße

„Murnau ist seit 1923 die nationalsozialistische Hochburg des Werdenfelser Landes. Die führenden Männer der Bewegung haben dem Ort die Ehre gegeben und das ihnen verliehene Ehrenbürgerrecht begeistert angenommen. Murnau will als nationalsozialistische Hochburg auch ein nationalsozialistischer Kurort sein."

Den Eltern Ödön von Horváths war der Boden in Murnau zu gefährlich geworden, und sie verkauften die Villa im Dezember 1933. Horváth erzählte seinen Freunden, die bereits in der Emigration waren, von diesen Übergriffen. Damit stellte er sich zunächst eindeutig auf die Seite der Verfolgten des Nazi-Regimes. Franz Theodor Csokor, Schriftsteller und Horváths bester Freund, kommentiert die Flucht aus Murnau in einem Brief vom 30. November 1933: „Liebster Ödön, bist Du nun über die Grenze wieder heim zu uns? Gott sei Dank! Was Du mir nämlich über Deine Erlebnisse in Murnau mitteilst, wundert mich nicht im geringsten. Wir sind ja alle schon mitten in der Emigration, ob wir nun in Bayern wohnen oder bereits in Wien."

Die Murnauer Gendarmeriestation bestätigte in einer Anfrage vom 18. Januar 1935 „Betreff: K.P.D" dem Bezirksamt Weilheim, daß Ödön von Horváth „einige Tage nach dem 30. Juni 1933 Murnau verlassen und sich seitdem hier nicht mehr sehen lassen [hat]." In dem der Anfrage beigefügten „Verzeichnis aller Kommunisten, die anläßlich der nationalen Erhebung flüchtig gegangen sind", wird Ödön von Horváth als einziger aufgeführt.

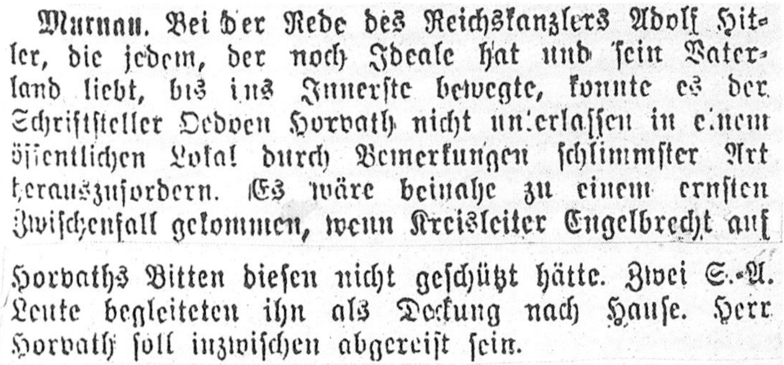
Murnau. Bei der Rede des Reichskanzlers Adolf Hitler, die jedem, der noch Ideale hat und sein Vaterland liebt, bis ins Innerste bewegte, konnte es der Schriftsteller Oedoen Horvath nicht unterlassen in einem öffentlichen Lokal durch Bemerkungen schlimmster Art herauszufordern. Es wäre beinahe zu einem ernsten Zwischenfall gekommen, wenn Kreisleiter Engelbrecht auf Horvaths Bitten diesen nicht geschützt hätte. Zwei S.-A. Leute begleiteten ihn als Deckung nach Hause. Herr Horvath soll inzwischen abgereist sein.

45: Murnauer Tagblatt – Staffelsee-Bote, 11. Februar 1933

46: Polizeiauskunft der Gendarmeriestation Murnau an das Bezirksamt Weilheim auf eine Anfrage der Bayerischen Politischen Polizei „Betreff: K.P.D." Schreiben vom 18. Januar 1935

Bezirksführer Weilheim

Verzeichnis

I. aller Kommunisten, die anläßlich der nationalen Erhebung flüchtig gegangen sind und

II. in einem Bezirk aufgetaucht sind und entweder dem Decknamen, der Personalbeschreibung nach oder aufgrund besonderer Eigenheiten bekannt geworden sind.

Zum Auftrag der Bayer.Pol.Polizei vom 14,1.35 Nr.12318 I 1 A.

Lfd. Nr.	I. Gend.-Station Murnau.
1.	1. Edmund v. H o r w a t h, Schriftsteller, geb. am 9.12.01 zu Fiume, ungarischer Staatsangeh., zuletzt wohnhaft in Murnau. 2. War als Edelkommunist bekannt. 3. Hat einige Tage nach dem 30. Juni 1933 Murnau verlassen und sich seitdem nicht mehr sehen lassen. 4. Soll sich nach der Flucht in Salzburg, später in Berlin aufgehalten haben und z.Zeit in Prag leben. 5. 33 Jahre alt, etwa 1,78 m groß, kräftig, volles Gesicht, bartlos, dunkelblonde Haare, vornehmes Auftreten. 6. Haftbefehl oder Festnahmeersuchen besteht nicht. Lichtbild nicht vorhanden. ~~II. Flüchtige Kommunisten sind nicht aufgetaucht.~~

46

Hin und her

In Emigrantenkreisen wollte man an eine „Flucht" aus Murnau nicht so recht glauben. Das liegt zum einen an Horváths widersprüchlichen Angaben zu seiner Abreise, zum anderen an der einlenkenden Haltung gegenüber dem frisch etablierten NS-Regime, mit dem er sich zunehmend arrangierte. Ende Mai 1933 zog er die telephonisch zugesagte Unterschrift für ein Protesttelegramm an den PEN-Kongreß in Ragusa mit der Begründung zurück, er könne „doch nicht im Namen der österreichischen und geflüchteten Schriftsteller sprechen, da ich weder Österreicher noch geflüchtet bin". Ödön von Horváth wollte unbedingt weiter fürs Theater arbeiten. Deshalb schloß er am 19. April 1934 in Berlin mit dem „Neuen Bühnenverlag im Verlag für Kulturpolitik" einen Vertrag über sein Stück „Himmelwärts" ab. Knapp zwei Monate später wurde Horváth informiert, daß man seine Stücke in Nazi-Deutschland nicht spielen werde. Am 18. Juni 1934 übermittelte „Der neue Bühnenverlag im Verlag für Kulturpolitik" Berlin ein Schreiben von Ödön von Horváth, in dem er darum ersuchte, „am Wiederaufbau Deutschlands mitzuarbeiten, soweit mir dies meine Kräfte erlauben."

Horváth schreibt: „Also, wie Sie wissen, bin ich Ausländer, aber meine Muttersprache ist deutsch und daher fühle ich mich als Mitglied des mächtigen deutschen Kulturkreises. Ich habe beim Ausbruch der deutschen nationalen Revolution und während der folgenden Zeit bis Mitte April 1934 im Ausland gelebt und gearbeitet. Ich habe während dieser ganzen Zeit es kategorisch abgelehnt, irgend etwas in Wort und Schrift oder Tat gegen Deutschland und seine Regierung zu unternehmen. (...) Ich habe mich also aus freien Stücken in eindeutigster Weise für Deutschland erklärt, und zwar bereits zu einer Zeit im Ausland, wo eine derartige Erklärung für einen Künstler nicht gerade ohne jede Gefahr verbunden war. Und nun, fast fünfviertel Jahr später, ereignet sich der Fall, dass ein deutsches Theater ein Stück von mir spielen will, und da muss ich hören, dass man kein Stück von mir in Deutschland spielen kann, also in dem Land, für das ich im Ausland immer eingetreten bin.

Ich erwarte es niemals, dass man mich irgendwo mit offenen Armen empfängt, aber es wäre für mich mehr als ein sehr schmerzliches Erlebnis, wenn man es mir untersagen würde, am Wiederaufbau Deutschlands mitzuarbeiten, soweit dies mir meine Kräfte erlauben."

Wenige Wochen später, genauer gesagt am 11. Juli 1934, trat er in den nationalsozialistischen „Reichsverband Deutscher Schriftsteller" ein und hielt sich in der Folgezeit mit dem Schreiben von Drehbüchern für Filme über Wasser.

Im Brief vom 7. August 1935 gesteht er seinem Bruder Lajos, wie es ihm geht:
„Lieber Bruder,
wie geht es Dir? Mir geht es gut, das heisst, eigentlich geht es mir nicht gut, sondern schlecht. Ich habe kein Geld und es fällt mir nichts ein. Beides ist für einen Menschen, der davon lebt, dass er Novellen verfasst, sehr ungünstig, denn unter solchen Umständen hat er keine Gelegenheit, sich welche auszuklügeln. Wenn der Magen knurrt, wird die Geduld, die Mutter der Phantasie, ungeduldig. Alles andere ist Schwindel. Lass mal was von Dir hören und sei gegrüsst von Deinem Bruder".

An seinem 34. Geburtstag am 9. Dezember 35 schreibt Ödön von Horváth aus Antwerpen:
„Lieber Bruder,
Dank für deinen ausführlichen Brief, den ich leider erst vorgestern, vier Monate später, erhielt, denn ich bin inzwischen leider 20 x umgezogen, weil alle Hausfrauen Bestien sind. Sie haben sich alle darüber beschwert, dass ich die Miete schuldig geblieben bin und dass ich manchmal mitten in der Nacht noch gesungen hab, obwohl ich Künstler bin. Ich hab ja leider auch keine Stimme, sondern nur einen Farbstift und ein Formgefühl. Aber von diesen beiden letzteren kann man heutzutag nicht leben.
Herzlichst Dein Bruder"

Ödön von Horváth zahlte nur bis 1935 Mitgliedsbeiträge für den „Reichsverband Deutscher Schriftsteller", und wurde 1937 ausgeschlossen.

Während dieser Zeit besuchte er öfter seine Eltern in München und in Possenhofen am Starnberger See, wo sie sich inzwischen eine Ferienwohnung gekauft hatten. Er sah sich in Deutschland immer stärkeren Einschüchterungsversuchen ausgesetzt. Am 1. April 1937 schrieb er seinem Freund Csokor: „In München war es zuhause sehr schön, aber auf der Strasse unwahrscheinlich grässlich. Dort ist selbst die Luft verblödet."

47: Ödön von Horváth und sein Vater Edmund von Horváth in Possenhofen am Starnberger See

„Jugend ohne Gott" 1934 / 1937

Vor allem 1933/34 hielt sich Ödön von Horváth öfter über einen längeren Zeitraum in Murnau auf. Allerdings nicht in der Villa seiner Eltern, das wäre zu gefährlich gewesen, sondern im Dachgeschoss des Nachbarhauses. Wieder ließ er sich von Details eines ihm vertrauten Milieus anregen und sammelte Materialien, die er 1937 in seinem bekanntesten Werk, dem Roman „Jugend ohne Gott", verarbeitet hat.

In diesem Roman werden die Schüler zu Menschenverachtung und Haß erzogen. In der Schule lernen sie Zucht, Gehorsam und Rassenhaß; bei Geländeübungen und Lagerfeuerromantik lernen sie das Kriegshandwerk. Die eisige Kälte der Gesellschaft läßt sie verrohen und macht sie zu willfährigen Mitläufern des faschistischen Staates. Der humanistisch gesinnte Lehrer bemerkt die wachsende Skrupellosigkeit seiner Schüler, doch er tut zunächst nichts dagegen, sondern folgt blind den Anordnungen der vorgesetzten Dienstbehörde.

Da wird ein Schüler ermordet. Nun folgt der Lehrer der Stimme Gottes und findet den Weg zur Wahrheit. Für einige Schüler wird sein Vorbild wegweisend. Gemeinsam verbünden sie sich gegen Lüge und Dummheit und klären das Verbrechen auf.

Seit Juli 1937 lebte Ödön von Horváth in Henndorf bei Salzburg und schrieb im „Gasthof Bräu" kurz nacheinander die beiden Romane „Jugend ohne Gott" und „Ein Kind unserer Zeit.",„Jugend ohne Gott" erschien 1937 im Exil-Verlag Allert de Lange in Amsterdam.

48: Erstes Hochland-Lager 1934 in Aidling bei Murnau

49

50

51

49: „Thing-Platz“ des Ersten Hochland-Lagers 1934 in Aidling bei Murnau

50: Appell der Hitler-Jugend vor dem Murnauer Rathaus in der Hauptstraße 1934

51: Leopold Huber, um 1930 im Garten der Volksschule Murnau

Der Roman begründete den internationalen Erfolg Horváths und wurde binnen eines Jahres in acht Sprachen übersetzt. Die Vorarbeiten – erzählerische Skizzen und das Fragment „Der Lenz ist da!" – lassen sich bis 1933/1934 zurückverfolgen, als in Murnau die Vorbereitungen zum ersten „Hochland-Lager" der Hitlerjugend voll im Gange war. Das Zeltlager wurde vom 4. bis 28. August 1934 in der Gegend um Aidling bei Murnau errichtet.

Diese vormilitärische Erziehung zum Krieg hatte Ödön von Horváth in seiner Münchner Schulzeit am eigenen Leib erfahren, aus seinem Elternhaus war er anderes gewöhnt. Denn die Mutter erzog ihn und seinen Bruder Lajos mit viel Liebe zu Kritikfähigkeit, Großmut und zu Offenheit. Jede Art von rigider Erziehung war ihr ganz und gar fremd. Viele Interna aus dem kleinstädtischen Schulleben erhielt Ödön von Horváth vom Lehrer Leopold Huber, den er häufig am Stammtisch traf. Vergleicht man das Leben dieses Lehrers mit dem des Ich-Erzählers aus „Jugend ohne Gott", sind die Parallelen nicht zu übersehen: Huber kam 1924 nach Murnau, war Mitglied der Bayerischen Volkspartei im Gemeinderat und wollte seine Schüler zu Eigenverantwortlichkeit und Selbständigkeit erziehen. Sein liberales humanistisches Bildungsideal stand jedoch im diametralen Gegensatz zur Pädagogik, die damals in Murnau wie auch anderswo praktiziert wurde.

Aus den schulgeschichtlichen Aufzeichnungen des damaligen Oberlehrers Robert Wohlgeschaffen geht hervor, daß die Murnauer Schüler in der Zwischenkriegszeit mit viel Drill zum Gehorsam erzogen wurden: „Wohlgeschaffen und Forstner kehren von der Front zurück und übernehmen sofort ihre Klassen – die Zustände waren unbeschreiblich – überall Zersetzung – überall wollten die Sozialdemokraten die Führung übernehmen… Ich war damals Schulleiter für Knaben u. Mädchen u. hab damals jeden zur Tür hinausgeworfen, der sich zuviel um die Schule kümmerte. Jede Züchtigung war untersagt. So kam es, daß sich einige Schüler der oberen Klasse gegen ihre Lehrer auflehnten; überall hörte man Klagen über unglaubliche Roheiten, Diebstähle usw. Ich hielt mich an gar keine Vorschrift, führte sofort den Stock ein u. ließ jedem, der sich der Ordnung nicht fügte, eine besondere Behandlung zu teil werden.

Diese individuelle Behandlung, verbunden mit 6 Std. Arrest half. Nach wenigen Mon. hatte ich wieder die alte gewohnte Zucht u. Ordnung.“[10].

Weil Leopold Huber als Gemeinderat dagegen protestierte, daß die Nationalsozialisten im Februar 1933 Murnau mit Hakenkreuzfahnen beflaggten, verlangte die örtliche NSDAP seine sofortige Versetzung wegen „politischer Unzuverlässigkeit“. In einem Schreiben der Murnauer Ortsgruppe an ihren Kreisleiter heißt es: „Huber mißbrauchte sein Amt als Lehrer, indem er auch die Schulkinder zu Gegnern unserer Bewegung erzog. Bleibt Huber länger in Murnau, so haften wir für nichts“. Leopold Huber wurde vorübergehend inhaftiert, seine Wohnung wurde von Fanatikern beschossen und er anschließend nach Aidling strafversetzt. Das bleibt Horváths Lehrer in „Jugend ohne Gott“ erspart. Er geht ins Exil.

Die Nationalsozialisten verboten „Jugend ohne Gott“ relativ rasch. Im Frühjahr 1938 wurde der Roman wegen seiner „pazifistischen Tendenzen“ auf die „Liste des schädlichen und unerwünschten Schrifttums“ gesetzt. Die Geheime Staatspolizei wurde angewiesen, im Reichsgebiet auftauchende Exemplare des Buches zu beschlagnahmen.

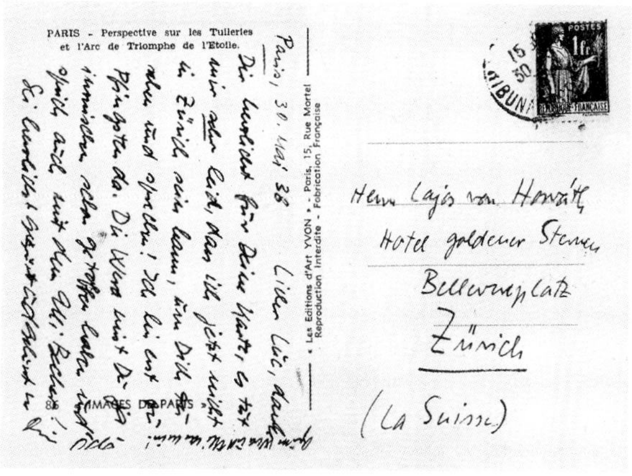

52: Postkarte Ödön von Horváths
an seinen Bruder Lajos
aus Paris vom 30. Mai 1938
zwei Tage vor seinem Tod

Was bleibt

Sich mit Ödön von Horváths Leben und Werk zu beschäftigen, bedeutet für die Murnauer gleichzeitig eine Konfrontation mit der braunen Vergangenheit des Ortes. Seine Volksstücke sind ein Stück literarisches Gedächtnis des Marktes und halten ein paar Jahre Murnauer Geschichte in Erinnerung. Doch je mehr die Vergangenheit verblaßt, um so mehr lernen es die Murnauer zu schätzen, daß dort, wo sie leben, ein Stück Weltliteratur entstanden ist. Denn welcher kleine Ort hat schon die Gelegenheit, das, was früher dort passiert ist, auf den großen Theaterbühnen Europas immer wieder präsentiert zu bekommen. Dass die Murnauer das alles dem Gesuchsteller und „Schriftsteller Edmund von Horváth, zuständig nach Budapest-Ungarn", verdanken, dessen Einbürgerungsgesuch der Murnauer Gemeinderat 1927 nicht befürwortete, trübt den Genuß.

„Wissens", schreibt Ödön von Horváth in der 1933 entstandenen Posse „Hin und her", „es schaut nämlich einfacher aus, als wie es ist, wenn man so weg muß aus einem Land, in dem man sich so eingelebt hat, auch wenn es vom Zuständigkeitsstandpunkte nicht die direkte Heimat war – aber es hängen doch so viele Sachen an einem, an denen man hängt."[11]

Anmerkungen

1 Ödön von Horváth, Fiume, Belgrad, Budapest...
in: Gesammelte Werke II, st 1061, S.184
2 GW II,135, st 1061
3 GW II,136, st 1061
4 GW II,137, st 1061
5 GW II,156, st 1061
6 Vgl.: Elisabeth Tworek: Ich habe keine Heimat. Wie sich Ödön von Horváth um Einbürgerung bemühte, in: Unser Bayern. Bayrische Staatszeitung, Dez. 2002, Jg. 51, Nr. 12, S. 180-185 und Gabriele Rudnicki-Dotzer: Der Einbürgerungsantrag Horváths in neuem Licht, in: Leben ohne Geländer, Murnau 2003
7 Carl Zuckmayer: Aufruf zum Leben. Porträts und Zeugnisse aus bewegten Zeiten. Frankfurt/Main 1976, S. 209
8 Ebenda S. 210
9 Marion Hruschka, Die Auswirkungen der Revolution 1918/19 in Murnau in: Jahrbuch des Historischen Vereins Murnau. Murnau 1998, S. 66
10 Marktarchiv Murnau A XV
11 GW 7, 127, st 1057

*) ~~Ferner beantrage ich die gleichzeitige Einbürgerung meiner Ehefrau~~ ....

~~geborenen~~ ...., ~~geboren am~~ .... + ...,

~~zu~~ ...., ~~Glaubensbekenntnis:~~ ....,

~~und folgender von mir Kraft elterlicher Gewalt gesetzlich vertretenen Kindern:~~

	Name	Geburtszeit	Geburtsort	Glaubens-bekenntnis
1.				
2.				
3.				
4.				
5.				
6.				
7.				
8.				

Als Belege für die Richtigkeit vorstehender Angaben übergebe ich nachstehende Urkunden:

./. Trauschein,	1 { Taufschein, Geburtsurkunde ./.,	– Staatsangehörigkeitsausweis,
./. Heiratsurkunde,		./. Reisepaß,
./. Totenschein,	./. Besteuerungsnachweis,	./. Militärpaß,
./. Sterbeurkunde,	./. Arbeitszeugnisse,	– Leumundszeugnis
./. Ehescheidungsurkunde,	1 Heimatschein,	....

und bemerke ausdrücklich, daß ich weder für mich noch meine Angehörigen jemals Armenunterstützung beansprucht oder erhalten habe.

~~Zugleich bitte ich um Verleihung des Bürgerrechts in hiesiger Gemeinde gegen Entrichtung der betreffenden Gebühren.~~

Ein früheres Einbürgerungsgesuch habe ich nicht eingereicht.
(Angabe, ob, wann und bei welcher deutschen Behörde eingereicht)

....

....

....

Vorgelesen und unterschrieben:

Unterschrift des Gesuchstellers: Edmund v. Horváth

Gemeinderat Merran

Utzschneider I. Bürgermeister.

*) Bei ledigen oder kinderlos verheirateten Gesuchstellern ist der jeweils nicht zutreffende Text zu streichen.

Zu Abb. 24: Gesuch auf Einbürgerung, weitere Seiten.

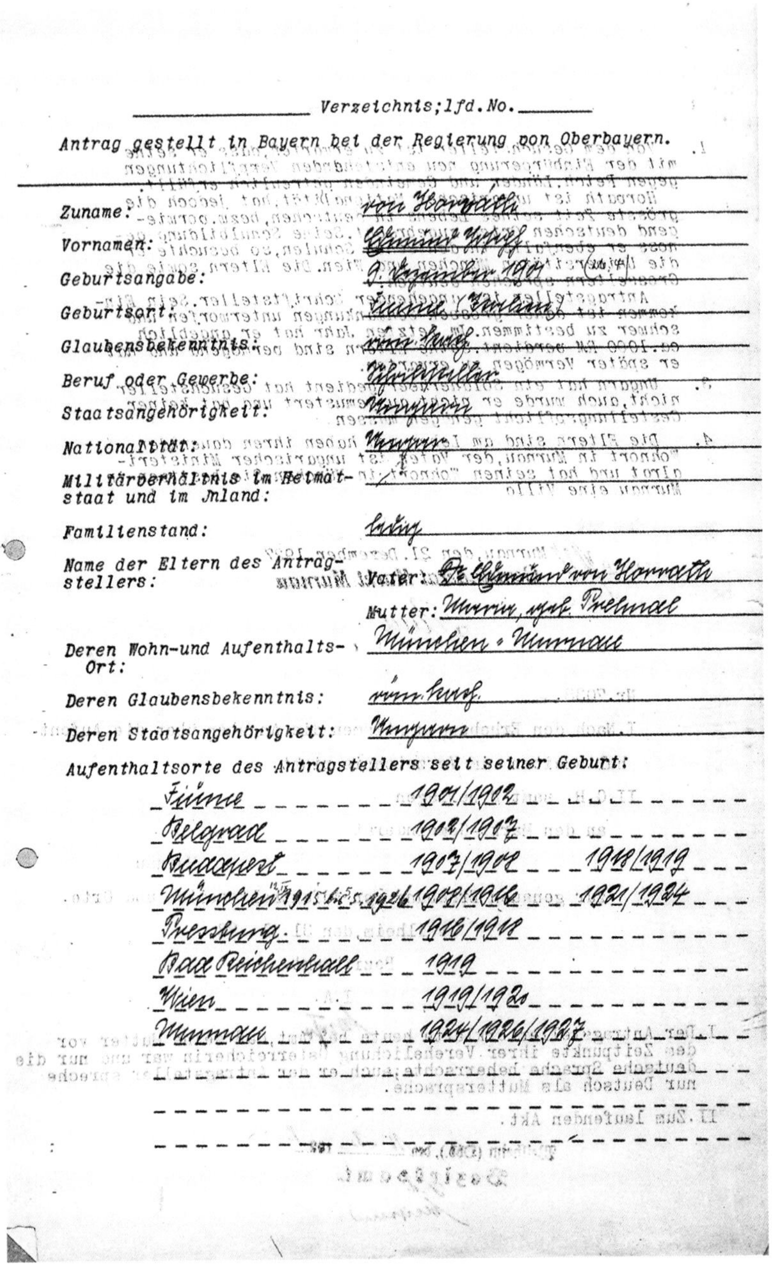

Verzeichnis; lfd. No. ________

Antrag gestellt in Bayern bei der Regierung von Oberbayern.

Zuname: von Horváth

Vornamen: Edmund Josef

Geburtsangabe: 9. Dezember 1901

Geburtsort: Fiume (Italien)

Glaubensbekenntnis: röm. kath.

Beruf oder Gewerbe: Schriftsteller

Staatsangehörigkeit: Ungarn

Nationalität: Ungarn

Militärverhältnis im Heimatstaat und im Jnland: —

Familienstand: ledig

Name der Eltern des Antragstellers: Vater: Dr. Edmund von Horváth

Mutter: Maria, geb. Prehnal

Deren Wohn-und Aufenthalts-Ort: München – Murnau

Deren Glaubensbekenntnis: röm. kath.

Deren Staatsangehörigkeit: Ungarn

Aufenthaltsorte des Antragstellers seit seiner Geburt:

Fiume 1901/1902

Belgrad 1902/1907

Budapest 1907/1908 1918/1919

München 1915 bis 5. 1916 1908/1913 1921/1924

Pressburg 1916/1918

Bad Reichenhall 1919

Wien 1919/1920

Murnau 1924/1926/1927

~~II. Anfrage bei ....~~

~~" ....~~

~~" ....~~

~~ob Gesuchsteller und seine miteinzubürgernden Angehörigen während des dortigen Aufenthaltes einen unbescholtenen Lebenswandel geführt hat/haben,~~

~~ob (gegebenenfalls welche?) gerichtliche Bestrafungen des/der Genannten dort bekannt sind, und~~

~~ob er bisher für sich oder seine Angehörigen Armenunterstützung beansprucht oder erhalten hat.~~

III. Strafliste erholt bei ....

IV. Der unterfertigte Gemeinderat als Niederlassungsgemeinde erklärt duch heutigen Beschluß

a) daß Gesuchsteller unzweifelhaft unbeschränkt geschäftsfähig ist,

b) daß er ~~und seine miteinzubürgernden Angehörigen~~ einen unbescholtenen Lebenswandel geführt hat ~~haben~~,

c) daß er hier ~~eine eigene Wohnung (Unterkommen) hat,~~ bei den Eltern wohnt,

d) daß ~~er nach den hier bestehenden Verhältnissen im Stande ist, sich und seine Familie dauernd zu ernähren, sowie daß~~ bei ihm ~~oder seinen Angehörigen~~ keinerlei Krankheiten oder Gebrechen vorhanden sind, wodurch die Armenpflege in Anspruch genommen werden könnte,

e) daß kein Nachweis erbracht ist, ob Gesuchsteller imstand ist, sich dauernd selbständig zu ernähren

und daß somit die Erfordernisse des § 8 Abs. 1 Ziff. 2—4 des Reichs- und Staatsangehörigkeitsgesetzes vom 22. Juli 1913 teilweise erfüllt sind; die nachgesuchte Einbürgerung wird deshalb nicht begutachtet.

Murnau, den 20. Juli 1927

BAYERN · MARKT · MURNAU

Der Gemeinderat Murnau

Utzschneider, I. Bürgermeister.

V. Weitergeleitet an den Armenrat Murnau zur Prüfung und beschlußmäßigen Stellungnahme.

Am 1. August 1927

Utzschneider, I. Bürgermeister.

VI. Durch heutigen Armenratsbeschluß wurden die vorstehenden, vom Gemeinderat festgestellten Tatsachen

.... anerkannt. ....

....

Mit dem Beifügen, daß die Einbürgerung .... begutachtet wird, zurück an den Gemeinderat Murnau

Murnau, den 13. Septbr. 1927

Der ~~Armenrat~~ Ortsfürsorgeausschuß

Utzschneider, Vorstand.

Nr. 1797

VII. Mit 4 Beilagen vorgelegt

dem Bezirksamt Weilheim

zur weiteren Behandlung gemäß § 17 d. Vollz.-V. v. 3. März (MABl. 1916 S. 25).

Murnau, den 26. Sept. 1927

Der Gemeinderat Murnau

7038 Utzschneider I. Bürgermeister.

Nr.7038.

I.Schreiben an den Stadtrat München
u.an Bezirksamtsaußensitz Reichenhall.

Vertraulich!

II. G.R. an die Gendarmeriestation
Murnau

zur Äußerung über den Antragsteller.Leben die Eltern des Antragstellers in Murnau? Wovon bestreitet der Antragsteller seinen Lebensunterhalt? Vermögen und Schulden? Politische Betätigung?

Weilheim,den 13. 12. 27.

Bezirksamt.

I.A.

Geiger

Einlauf
22. DEZ. 1927 7131
Bezirksamt Weilheim

Gendarmerie-Station Murnau

eingel. 15.12.27 Nr. 2383. Zum Bezirksamt Weilheim mit dem Bericht,daß die Eltern des Gesuchstellers in München wohnen. Dieselben waren früher schon viel in Murnau in dem Sommeraufenthalt,sie haben sich dann einen Bauplatz an der Hindenburstraße in Murnau erworben und dorthin vor einigen Jahren eine hübsche Villa gebaut.Wovon sich der Antragsteller seinen Lebensunterhalt bestreitet ist mir unbekannt,er lebt vermutlich von der Unterstützung seiner Eltern. Ob er Vermögen oder Schulden hat,ist mir unbekannt. Davon,daß er sich politisch bei irgend einer Partei betätigt,ist ebenfalls nicht bekannt.

Murnau,den 21.Dezember 1927
Gendarmeriestation.

Mühlbauer, O. K.

1. Von dem Gesuchsteller ist zu erwarten, dass er seine mit der Einbürgerung neu entstehenden Verpflichtungen gegen Reich, Länder und Gemeinden getreulich erfüllt.
Horvath ist ungarischer Nationalität, hat jedoch die grösste Zeit seines Lebens in deutschen, bezw. vorwiegend deutschen Orten zugebracht. Seine Schulbildung genoss er ebenfalls in deutschen Schulen, so besuchte er die Universitäten München und Wien. Die Eltern, sowie die Grosseltern sprechen deutsch.
Antragsteller ist angehender Schriftsteller. Sein Einkommen ist daher grossen Schwankungen unterworfen und schwer zu bestimmen. Jm letzten Jahr hat er angeblich ca. 1000 RM verdient. Seine Eltern sind vermögend und hat er später Vermögen zu erwarten.

3. Ungarn hat ein Söldnerheer, gedient hat Gesuchsteller nicht, auch wurde er nicht ausgemustert und hat keiner Gestellungspflicht genügen müssen.

4. Die Eltern sind am Leben und haben ihren dauernden Wohnort in Murnau, der Vater ist ungarischer Ministerialrat und hat seinen Wohnort in München. Sie besitzen in Murnau eine Villa.

22. DEZ. 1927 Murnau, den 21. Dezember 1927.
Gemeinderat Markt Murnau
Paul

Magistrat Murnau
379

Nr. 7038.

I. Nach den Erhebungen stimmen die Angaben über die Aufenthaltszeiten im Verzeichnis nicht.

II. G.R. samt 2 Beilagen
an den Markt-Gemeinderat
Murnau
zur genauen Erhebung der Aufenthaltszeiten und Orte.

Weilheim, den 31. 1. 28.
Bezirksamt.
I.A.

I. Der Antragsteller erklärte heute bei Amt, daß seine Mutter vor dem Zeitpunkte ihrer Verehelichung Österreicherin war und nur die deutsche Sprache beherrschte; auch er der Antragsteller spreche nur Deutsch als Muttersprache.

II. Zum laufenden Akt.

Weilheim (Obb.), den 15. 3. 1928
Bezirksamt.
I.A.

Summary

When tracing the tracks of Ödön von Horváth, we soon find ourselves in the closed world of a farming community in a traditional Bavarian market town, on the eve of National Socialism. Many plays and sketches by Horváth are rooted in his observations, experiences and notes of life in Murnau between 1924 and 1933, through times of inflation, economic crisis and unemployment. Here, right before his eyes, lived the class of people who were to have a decisive influence on the development of National Socialism: the workers and employers of the middle class. Bad economic conditions pulled the floor from under their feet and the mask from their face. They were in fear and panic of becoming jobless, of having nothing and of being nothing.

Ödön von Horváth had moved with his parents from Austria-Hungary to Munich in 1909. They took an excursion to Bavaria's Alpine foothills in 1920, which brought them by chance to Murnau. Charmed by the attractive Market Town and its beautiful setting, the Horváths bought a building plot in Bahnhofstraße a year later and had a country villa erected there. In the autumn of 1924 they came to live in it.

Until 1933, Ödön von Horváth spent most of his time in Murnau. Many mountain climbs and hikes started here and the nearby Staffelsee was a focus of sporting activity in both summer and winter. Murnau was also the starting point of Horváth's career as a writer. Its distinct atmosphere and its small community inspired him. Local events and their unsuspecting participants provided Horváth with rich material for his satirical sketches of bourgeois life. In Murnau he wrote the comedies and folk plays "Zur schönen Aussicht" ("The Bellevue"), "Revolte auf Côte 3018" (revised version "Die Bergbahn"), "Italienische Nacht" ("Italian Festival"), "Kasimir und Karoline" ("Casimir and Caroline"), "Glaube Liebe Hoffnung" ("Faith, Hope and Charity"), the novel "Der ewige Spießer" and several prose sketches. In 1934 he began writing the novel "Jugend ohne Gott" ("Cold Times").

The son of a well-known Hungarian diplomat, Horváth was from the start integrated into the life of Murnau. He felt at home, and in 1927 he tried to become a citizen of the state of Bavaria. The authorities, however, refused his application. This disappointed him greatly. His situation grew more precarious with the rise of National Socialism, since the Nazis were not spared from criticism in his plays and short stories as well as his personal statements.

He never concealed his opposition to National Socialism. He was regarded as an "armchair communist" and "head-in-the-clouds writer". In a testimony before a judge in July 1931, he heavily criticised the National Socialists.

A serious dispute with local Nazis during a speech of Adolf Hitler on the radio in February 1933 obliged Horváth to leave Murnau the same night. In December that year his parents sold the Murnau villa. So began a restless "Emigration" period during which he retreated first to Vienna, then to live with Carl Zuckmayer in Henndorf near Salzburg. From 1934-35 he returned for a short period to Murnau and Munich.

Ödön von Horváth died in 1938 while on an brief stopover in Paris, after being struck by a falling branch during a thunder storm.

Zeittafel

1901 9. Dezember: als erster Sohn des Diplomaten Dr. Edmund Josef Horváth und Maria Hermine Horváth, geb. Přehnal in Susak/Fiume geboren

1902 Übersiedlung der Familie nach Belgrad

1903 5. Juli: Geburt des Bruders Lajos

1908 Edmund Horváth wird in den Adelsstand erhoben. Übersiedlung der Familie nach Budapest

1909 Versetzung des Vaters nach München. Edmund von Horváth wird Fachberichterstatter des K. Ungarischen Handelsministeriums in München

1911 Ödön besucht das Erzbischöfliche Internat in Budapest

1913 Ödön wird von den Eltern nach München geholt. Besuch des Wilhelms-Gymnasiums und des Alten Realgymnasiums (heute Oskar-von-Miller-Gymnasium)

1916 Übersiedlung nach Pressburg. Besuch der staatlichen Oberrealschule

1918 Versetzung des Vaters nach Budapest

1919 Nach der Einführung des Rätesystems in Ungarn, Flucht der Familie Horváth nach Wien, später über Bad Reichenhall nach München. Ödön macht in Wien das Abitur. Studium der Theaterwissenschaft und Germanistik an der Ludwig-Maximilians-Universität München (bis zum Wintersemester 1921 / 22)

1920 24. Juli: erster Ferienaufenthalt in Murnau

1921 8. August: der Vater erwirbt in der Bahnhofstraße in Murnau ein Grundstück

1922 **Das Buch der Tänze**

1923 **Dósa.** Fragment
Mord in der Mohrengasse. Schauspiel

1924 April: Bebauung des Grundstückes mit einem Landhaus. Einzug. Ödön hält sich von nun an überwiegend in Murnau auf. Wochenweise auch in München und Berlin.
Sportmärchen

1926 **Zur schönen Aussicht.** Komödie

1927 **Revolte auf Côte 3018.** Volksstück

1929 **Sladek der schwarze Reichswehrmann.** Historie
Rund um den Kongress. Posse
Die Bergbahn. Volksstück, als Neufassung von **„Revolte auf Côte 3018“**
Vertrag mit dem Ullstein-Verlag, Berlin. Mitgliedschaft im Schutzverband Deutscher Schriftsteller

1930 **Der ewige Spießer.** Roman
Italienische Nacht. Volksstück

1931 1. Februar: Saalschlacht zwischen NSDAP und sozialdemokratischem Reichsbanner im Gasthof „Kirchmeir“ in Murnau
22. Juli: Saalschlacht-Prozeß in Weilheim
25. Oktober: Kleist-Preis
28. Oktober: Revisionsverfahren zum Saalschlacht-Prozeß vor dem Landgericht München II
Geschichten aus dem Wiener Wald. Volksstück

1932 **Kasimir und Karoline.** Volksstück
Glaube Liebe Hoffnung. Ein kleiner Totentanz

1933 10. Februar: Streit mit der SA im „Hotel Post“ in Murnau, Flucht aus Murnau. Hausdurchsuchung in der Horváth-Villa
Eine Unbekannte aus der Seine. Komödie
Hin und her. Komödie
Himmelwärts. Ein Märchen
9. Dezember: Die Eltern verkaufen die Villa in Murnau
23. Dezember: Besitzübergabe an Rittmeister a. D. Arnold Rechberg
27. Dezember: Heirat mit der Sängerin Maria Elsner in Wien

1934 Beitritt Ödön von Horváths zum nationalsozialistischen Reichsverband Deutscher Schriftsteller.
Die Ehe mit Maria Elsner wird geschieden.

1935 In Murnau wird Horváth als flüchtiger Kommunist gemeldet.
Horváth verläßt endgültig das Deutsche Reich.
Längere Aufenthalte in Wien und Henndorf bei Salzburg.
Mit dem Kopf durch die Wand. Lustspiel
Don Juan kommt aus dem Krieg. Schauspiel

1937 Ausschluß aus dem Reichsverband Deutscher Schriftsteller
Figaro läßt sich scheiden. Komödie
Ein Dorf ohne Männer. Lustspiel
Jugend ohne Gott. Roman. Exil-Verlag Allert de Lange, Amsterdam
Der jüngste Tag. Schauspiel

1938 Am Tag nach dem „Anschluß" Österreichs an das Deutsche Reich flieht Horváth von Wien nach Budapest.
Ein Kind unserer Zeit. Roman. Exil-Verlag Allert de Lange, Amsterdam
Adieu, Europa! Romanfragment
7. März: **Jugend ohne Gott** wird in Deutschland verboten
28. Mai: Ankunft in Paris. Besprechungen mit Armand Pierhal, dem Übersetzer von **Jugend ohne Gott** und mit dem Regisseur Robert Siodmak, der **Jugend ohne Gott** verfilmen will.
1. Juni: Ein herabstürzender Ast tötet in der Avenue Marigny Ödön von Horváth.

Zusammenstellung:
Elisabeth Tworek / Brigitte Salmen

Literaturverzeichnis

Ödön von Horváth, Gesammelte Werke
Kommentierte Werkausgabe in Einzelbänden.
Hrsg.: Traugott Krischke, Susanna Foral-Krischke.
Band 1 – 15. Frankfurt / Main, Suhrkamp, 1983 ff:
1 Zur schönen Aussicht und andere Stücke
3 Italienische Nacht
11 Sportmärchen, andere Prosa und Verse
12 Jugend ohne Gott
7 Eine Unbekannte aus der Seine

Kurt Bartsch: Ödön von Horváth. Stuttgart 2000

Dieter Hildebrandt: Ödön von Horváth in Selbstzeugnissen und Bilddokumenten. Reinbek 1975

Traugott Krischke: Horváth-Chronik. Daten zu Leben und Werk. Frankfurt / Main 1988
Traugott Krischke: Ödön von Horváth. Kind seiner Zeit. Berlin 1998
Traugott Krischke, Hans F. Prokop (Hrsg.): Ödön von Horváth. Leben und Werk in Dokumenten und Bildern. Frankfurt / Main 1972
Traugott Krischke, Hans F. Prokop (Hrsg.): Ödön von Horváth. Leben und Werk in Daten und Bildern. Frankfurt / Main 1977

Heinz Lunzer, Victoria Lunzer-Talos, Elisabeth Tworek (Hrsg.): Horváth. Einem Schriftsteller auf der Spur. Salzburg 2001

Ulrich N. Schulenburg, Helmut Stefan Milletich (Hrsg.): Lebensbilder eines Humanisten. Ein Franz Theodor Csokor-Buch. Wien 1992

Elisabeth Tworek-Müller: Kleinbürgertum und Literatur. Zum Bild des Kleinbürgers im bayerischen Roman der Weimarer Republik. München 1985
Elisabeth Tworek-Müller: Horváth und Murnau. Wien, Murnau 1988
Elisabeth Tworek: Kommentar zu Ödön von Horváth. Jugend ohne Gott. Frankfurt / Main 1999
Elisabeth Tworek: CD-ROM zu Ödön von Horváth. Jugend ohne Gott (Originaltext, Interpretation, Biographie, Materialien). München 1999

Leben ohne Geländer. Internat. Horváth-Symposium, Hrsg. Markt Murnau a. Staffelsee. Murnau 2003

Museen in der Umgebung

• Bad Bayersoien am See

Museum im Bierlinghaus

In einem ehemaligen Geschäftshaus entstand ein heimatgeschichtliches Museum, das im Kern aus der umfangreichen Sammlung der Viehhändlerin Martha Echtler besteht, die um 1900 sakrale und profane Kunstgegenstände aus bäuerlichen Haushalten der Gegend erworben hatte: Bilder, Skulpturen, Zeugnisse der Volksfrömmigkeit bis hin zu Uhren und Möbeln. Auch über die Geschichte der Kaufmannsfamilie Bierling – ehemalige Bewohner des jetzigen Museumsgebäudes – und die Ortsgeschichte Bad Bayersoiens kann sich der Besucher des Museums informieren.

Museum im Bierlinghaus
Dorfstraße 46
82435 Bad Bayersoien
Tel. 0 88 45 / 18 54
Fax 0 88 45 / 90 00
E-Mail: bayersoien@gaponline.de
www.bad-bayersoien.de

Öffnungszeiten:
vom 1. Mai bis 10. November: Mo und Mi 16 bis 18 Uhr
vom 20. November bis 30. April: Mi 16 bis 18 Uhr
Sonderöffnungszeiten und Führungen
für Gruppen gerne nach Vereinbarung

• Bad Tölz

Heimatmuseum der Stadt Bad Tölz

Seit 1982 ist die bereits 1886 gegründete heimatkundliche Sammlung im Heimat- und Bürgerhaus untergebracht. Bevor das Haus von Gabriel von Seidl 1903 zum Rathaus umgestaltet wurde, diente es als Brauerei und Gaststätte. Bei der Neueinrichtung für Museumszwecke wurde der ehemalige Charakter beibehalten. So bezog man z. B. den Sitzungssaal mit seiner Einrichtung (1912) mit in das Museum ein. Der Rundgang beginnt im Erdgeschoß, das dem noch lebendigen Brauch der Leonhardifahrt gewidmet ist. Ausgehend von geologischen und prähistorischen Funden im Kellergeschoß folgt im 1. Obergeschoß ein Überblick über die Stadtgeschichte, das Flößergewerbe, die Entwicklung des Heilbads und das Tölzer Handwerk. Truhen, Betten, Kästen und Wiegen der berühmten Tölzer Kistler vom Beginn des 17. bis Mitte des 19. Jahrhunderts bilden den Schwerpunkt. Das 2. Obergeschoß befaßt sich mit dem Bürgertum. Hier sind eine Galerie Tölzer Bürgerporträts und Gemälde mit der Stadt verbundener Künstler wie Josef Wenglein sowie Schauräume zur bürgerlichen Wohnkultur untergebracht. Darüber hinaus finden sich noch Waffen, Musikinstrumente und Bestände der Städtischen Marionettensammlung. Sakrale Kunst ist im 3. Obergeschoß zu sehen. Interessant sind hier die beiden rekonstruierten Hauskapellen des 18. Jahrhunderts. Oberbayerische Trachten ergänzen die kulturgeschichtliche Abteilung.

Heimatmuseum der Stadt Bad Tölz
Marktstraße 48
83646 Bad Tölz
Tel. 0 80 41 / 50 46 88
Fax 0 80 41 / 7 22 66

Öffnungszeiten:
Di, Mi, Fr 10 bis 12 Uhr und 14 bis 16 Uhr
Do 10 bis 12 Uhr und 14 bis 18 Uhr,
Sa 10 bis 16 Uhr, So 10 bis 18 Uhr
montags geschlossen

• Bernried

Buchheim Museum

Das Buchheim Museum liegt nördlich von Bernried in einem Park direkt am Ufer des Starnberger Sees. Alte Baumgruppen, verwunschene Teiche, Pagoden, Skulpturen und andere Kunstwerke säumen den Weg zum Museumsgelände.

Für die Sammlungen des Malers, Fotografen, Verlegers, Kunstbuch- und Romanautors Lothar-Günther Buchheim hat der Architekt Günter Behnisch ein Gebäude geschaffen, das die außergewöhnliche Vielfalt der Sammlungen widerspiegelt: In den nördlich gelegenen Hallen werden die Gemälde, Aquarelle, Zeichnungen und Druckgraphiken der Expressionisten gezeigt – der Kern der Kollektion. Die intimeren Räume der beiden mehrstöckigen „Türme" sind den volks- und völkerkundlichen Sammlungen und den Arbeiten von Lothar-Günther Buchheim vorbehalten. Ein zwölf Meter über dem See schwebender Steg bietet einen herrlichen Blick über den Starnberger See und die Alpenkette.

Im Zentrum der Expressionisten-Sammlung stehen Werke der Maler Kirchner, Heckel, Schmidt-Rottluff, Pechstein, Nolde und Müller, die zur Künstlergemeinschafte „Brücke" (1905–1913) gehörten. Um die Arbeiten der „Brücke" gruppieren sich Werkkomplexe von Max Beckmann und Christian Rohlfs. Auch die Vorläufer und die nachfolgende zweite Expressionistengeneration sind vertreten. Herausragend sind die Aquarelle und Grafiken von Otto Dix, die zur Kunst der 1920er Jahre überleiten.

Das Besondere am Buchheim Museum ist ein ständiger Wechsel der Exponate. Neben Sonderausstellungen finden zudem diverse Veranstaltungen und Workshops für Erwachsene und Kinder statt.

Buchheim Museum
Am Hirschgarten 1
82347 Bernried
Tel. 0 81 58 / 99 70 60
E-Mail: info@buchheimmuseum.de
www.buchheimmuseum.de

Öffnungszeiten:
April bis Oktober
Mo bis Fr 10 bis 18 Uhr, Sa und So 10 bis 20 Uhr
November bis März
Di bis Fr 10 bis 17 Uhr, Sa und So 10 bis 18 Uhr
Sonderregelung an Feiertagen

• Ettal

Schloß Linderhof

Nach ersten Plänen, im Graswangtal bei Ettal ein „Neues Versailles“ erstehen zu lassen, ließ König Ludwig II. von Bayern 1870 bis 1872 durch Georg Dollmann zunächst nur das Jagdhaus seines Vaters Max II., das „Königshäuschen“, erweitern. 1874 wurde dieses versetzt und an seiner Stelle die königliche Villa „Linderhof“ weiter ausgebaut. Die Ausstattung der Prunkräume im Innern erfolgte bis 1878 im Stil des „Zweiten Rokoko“. 1870 bis 1880 entstand der Schloßpark nach Entwürfen Carl von Effners. In die Landschaft eingepaßte Terrassen- und Kaskadenanlagen vermitteln zwischen den Parterregärten in Schloßnähe und einem ausgedehnten Landschaftsgarten, der nahtlos in den freien Hochgebirgswald überleitet. Park und umliegende Wälder ließ der König mit exotischen Bauten, teils mit Schauplätzen aus den Opern Richard Wagners, staffieren. Erhalten sind der „Maurische Kiosk“ und die „Venusgrotte“ (aus „Tannhäuser“); die Bayerische Schlösserverwaltung rekonstruierte 1990 die „Hundingshütte“ (aus der Walküre). Erhalten geblieben ist auch das derzeit restaurierte „Marokkanische Haus“.

Schloß Linderhof
Linderhof 12
82488 Ettal
Tel. 0 88 22 / 92 03 0
Fax 0 88 22 / 92 03 11
E-Mail: info@bsv.bayern.de

Öffnungszeiten:
April bis September tägl. 9 bis 17.30 Uhr,
Do zusätzl. bis 19.30 Uhr;
Oktober bis März tägl. 10 bis 16 Uhr

• Garmisch-Partenkirchen

Werdenfelser Museum

Im schönen Haus „Zum Schlamp'n“, einem stattlichen Handels- und Bürgerhaus des 17./18. Jahrhunderts, ist das Heimatmuseum seit 1973 untergebracht. Den Schwerpunkt des Bestands bilden die Sammlungen zu bürgerlicher und bäuerlicher Kultur der ehemals Freisingischen

Grafschaft Werdenfels, die 1802 Bayern einverleibt wurde. Nach vor- und frühgeschichtlichen Bodenfunden im Kellergewölbe zeigt das Erdgeschoß Kunsthandwerk aus Eisen und Holz sowie historische Photographien der Zeit um 1900 und eine Dokumentation der Erstbesteigung der Zugspitze. Im Fastnachtsraum geben zahlreiche Masken mit Zubehör einen Überblick über die vielfältigen Erscheinungsformen des Fastnachtsbrauchtums. Auch kirchliche Kunst mit Skulpturen vom 14. bis 19. Jahrhundert ist in qualitätsvollen Beispielen vertreten. Im 1. Obergeschoß spiegeln mehrere Räume die bürgerliche und bäuerliche Wohnkultur des Werdenfelser Landes wider. Daneben erhält man einen Überblick über die Trachten vom 18. bis ins 20. Jahrhundert. Neben Zeugnissen der Volksfrömmigkeit sind im 2. Obergeschoß eine Mittenwalder Geigenbauwerkstatt im Zustand um die Jahrhundertwende sowie eine Modellsammlung der Schnitzschule ausgestellt. Auf dem Dachboden befinden sich landwirtschaftliche und handwerkliche Geräte.

Werdenfelser Museum
Ludwigstraße 47
82467 Garmisch-Partenkirchen
Tel. 0 88 21 / 62 12

Öffnungszeiten:
Dezember bis Oktober Di bis Fr 10 bis 13 Uhr
und 15 bis 18 Uhr
Sa, So und Feiertag 10 bis 13 Uhr
montags geschlossen

• Großweil

Freilichtmuseum des Bezirks Oberbayern an der Glentleiten

In der reizvollen Kochelseelandschaft, nahe Murnau, liegt das Freilichtmuseum Glentleiten. Das weitläufige, malerische Gelände ist mit seinen Bauernhöfen, Taglöhnerhäusern, Almen, historischen Werkstätten und Bauerngärten ein ideales Ausflugsziel. In täglich wechselnden Handwerksvorführungen werden historische Arbeitstechniken demonstriert, die vielfach schon in Vergessenheit geraten sind.

Ziel des Museums ist es, die breite Vielfalt ländlicher Alltagskultur an originalen Beispielen unterschiedlicher Haus- und Hofformen Oberbayerns darzustellen.

Mehr als 40 Gebäude – vom großen Bauernhof bis hin zum kleinen Backhäuschen – sind inzwischen im Museum zu sehen. An ihrem ursprünglichen Standort genauestens erforscht und dokumentiert, wurden diese Gebäude sorgfältig zerlegt und an der Glentleiten wieder errichtet. Der Besucher erhält so anschauliche Einblicke in ländliche Lebens- und Arbeitswelten früherer Zeiten. So kann man in der einzigen noch originalen Wetzsteinmacherei Oberbayerns erleben, wie aus dem rohen Stein in vielen Arbeitsschritten ein Schleifstein entsteht. Im Bichlhof wird gezeigt, wie ein Mietshaus auf dem Land vor 200 Jahren ausgesehen hat.

Das Museumsgelände umfaßt inzwischen rund 30 ha historischer Kulturlandschaft. Bauerngärten und Obstbaumwiesen umgeben die Gebäude, Felder und Wiesen werden wieder in traditioneller Weise bewirtschaftet.

Darüberhinaus gibt es informative Dauerausstellungen u. a. zu den Themen „Vom Korn zum Brot", „Grünlandwirtschaft und Milchverarbeitung" sowie „Wasser – vom Hausbrunnen zum Wasserhahn". Im Eingangsgebäude werden jährlich wechselnde Sonderausstellungen gezeigt.

Freilichtmuseum des Bezirks Oberbayern
an der Glentleiten
An der Glentleiten 4
82439 Großweil
Tel. 0 88 51 / 1 85-0 (Verwaltung) und -10 (Kasse)
Fax 0 88 51 / 1 85-11
E-Mail: freilichtmuseum@glentleiten.de
www.glentleiten.de

Öffnungszeiten:
April bis Oktober: Di bis So 9 bis 18 Uhr
Juli, August und Feiertage täglich 9 bis 18 Uhr
montags geschlossen
Führungen nach Vereinbarung

• Kochel

Franz-Marc-Museum

Kochel war für Franz Marcs Leben (1880–1916) und künstlerische Entwicklung nach seinen eigenen Worten ein „Schicksalsort". Zur Erinnerung daran richtete die Fanz-Marc-Stiftung 1986 in einer Villa des späten 19. Jahrhunderts am südlichen Ortsrand über dem Kochelsee ein Museum ein. In sieben Räumen auf zwei Geschossen sind Gemälde, Skulpturen und Graphiken Franz Marcs ausgestellt, u. a. seine 1909 entstandenen „Rehe im Schilf", „Die roten Rehe" von 1912 und „Die drei Pferde I" von 1913, die einen Höhepunkt seines Schaffens markieren. Einmalig ist das vollständige Werk der 22 Holzschnitte aus der Zeit von 1911 bis 1913, zu denen exemplarisch die Druckstöcke gezeigt werden.

Gemälde seines Vaters Wilhelm Marc, Werke der Freunde aus der Neuen Künstlervereinigung München, dem „Blauen Reiter"- und dem „Brücke"-Kreis, wie Wassily Kandinsky, Gabriele Münter, Paul Klee, August Macke, Alfred Kubin, Heinrich Campendonk, Marianne von Werefkin und Ernst Ludwig Kirchner, sowie Beispiele aus der von Marc gesammelten bayerischen und außereuropäischen Volkskunst weisen auf Einflüsse und Wirkung des Künstlers hin.

Franz-Marc-Museum
Herzogstandweg 43
82431 Kochel a. See
Tel. 0 88 51 / 71 14 (Franz-Marc-Museum)
oder 0 88 51 / 33 8 (Verkehrsamt Kochel)
oder 0 88 51 / 92 12-0 (Gemeinde Kochel)
Fax 0 88 51 / 61 50 21 (Franz-Marc-Museum)
oder 0 88 51 / 55 88 (Verkehrsamt Kochel)

Öffnungszeiten:
1. März bis 15. Januar:
Di bis So 14 bis 18 Uhr
24. 12. und 31. 12. geschlossen

• Mittenwald

Geigenbau- und Heimatmuseum

1684 führte Matthias Klotz (1653–1743), ein Schüler des berühmten Instrumentenbauers Nicolo Amati (1596–1684), die Geigenbaukunst in Mittenwald ein. Das 1931 gegründete Geigenbaumuseum widmet sich deshalb in einer weltweit bedeutenden Spezialsammlung schwerpunktmäßig der Geschichte des Geigenbaus und der verwandten Streich- und Zupfinstrumente. In einer historischen Geigenbauwerkstätte demonstrieren Werkzeuge und die einzelnen Bestandteile die Herstellungsschritte vom Rohmaterial bis zum fertigen Instrument. Neben Vorläufern der Geige kann man eine Sammlung alter Mittenwalder Instrumente, darunter Meisterwerke von Matthias Klotz und Jacobus Stainer, besichtigen. Zu den sonstigen Sammlungsbeständen des Heimatmuseums gehören vielfältige Zeugnisse ländlicher Wohnkultur einschließlich des zugehörigen Hausrats, Trachten sowie Zeugnisse der Volksfrömmigkeit.

Geigenbau- und Heimatmuseum
Ballenhausgasse 3
82481 Mittenwald
Tel. 0 88 23 / 25 11 und 58 65

Öffnungszeiten:
22. Dezember bis 31. Oktober:
Di bis Fr 10 bis 13 Uhr und 15 bis 18 Uhr
Sa u. So 10 bis 13 Uhr
montags geschlossen

• Murnau

Gabriele Münter-Haus

Das 1908 gebaute – damals außerhalb von Murnau gelegene – Landhaus wurde ein Jahr später von der Künstlerin Gabriele Münter (1877–1962) gekauft. Sie wohnte darin mit ihrem langjährigen Lebensgefährten Wassily Kandinsky (1866–1944) bis 1914. Da Kandinsky Russe war, nannten es die Murnauer bald „Russenhaus". Nach der Trennung 1916 kehrte Münter nur zeitweise nach Murnau zurück, bis sie ab 1932 mit Johannes Eichner bis zu ihrem Tode wieder ganz in diesem Haus lebte. Nach einer aufwendigen Restaurierung sind seit 1999 wieder

Teile der Originalausstattung, von Münter und Kandinsky bemalte Möbel, Gemälde, Graphik und Hinterglasbilder sowie Beispiele aus der Volkskunstsammlung der beiden Künstler zu sehen.

Gabriele Münter-Haus
Kottmüllerallee 6
82418 Murnau a. Staffelsee
Tel. 0 88 41 / 62 88 80
Fax 0 88 41 / 62 88 81

Öffnungszeiten:
Di bis So 14 bis 17 Uhr
montags geschlossen

• Oberammergau

Heimatmuseum Oberammergau

Der Oberammergauer Schnitzwarenverleger Guido Lang (1856–1921) beauftragte 1905 den Münchner Architekten Franz Zell mit der Errichtung eines Museumsgebäudes für seine kunst- und kulturgeschichtlichen Sammlungen. Er stattete zunächst die Räume der beiden oberen Stockwerke mit Lagerbeständen aus seiner Firma aus. Seit der Übernahme des Museums durch die Gemeinde 1954 wurde auch das Erdgeschoß als Ausstellungsfläche einbezogen.

Im Holzschnitzerdorf Oberammergau ist es nicht verwunderlich, wenn dem bis heute ausgeübten Handwerkszweig auch im Heimatmuseum breiter Raum gewidmet wird. Rund 5000 Objekte, darunter Spielzeug der unterschiedlichsten Art, Heiligenfiguren, Kruzifixe und Reliquienkreuze, fein geschnitzte Genreszenen, Nadeletuis und Dosen zeigen im 1. Obergeschoß das reichhaltige Angebot und die stilistische Vielfalt der Oberammergauer Schnitzer von der Mitte des 18. bis zum Ende des 19. Jahrhunderts. Daneben belegen zahlreiche Wachsbossierarbeiten und Wachsgußmodeln, daß auch diese Kunst bis zur Mitte des 19. Jahrhunderts in Oberammergau beheimatet war.

Den Glanzpunkt der 1962 im Erdgeschoß eingerichteten Krippensammlung bildet die ehemalige Krippe der Oberammergauer Pfarrkirche. Zwischen der Mitte des 18. und des 19. Jahrhunderts gefertigt, stellen die 120 geschnitzten und bekleideten Gliederpuppen und 80 Tiere verschiedene Szenen des Weihnachtsgeschehens und die Hochzeit zu Kanaa dar.

Im Raum einer ehemaligen evangelischen Kapelle brachte man 1974 die bereits 1955 von Josef Krötz (Murnau) erworbene Hinterglasbildersammlung unter. Zusammen mit der 1987 dem Museum gestifteten „Sammlung Harald Stobitzer“ (Linz), die im 2. Obergeschoß untergebracht ist, geben nunmehr insgesamt 1000 Bilder einen umfassenden Überblick über die europäische Hinterglasmalerei. Zusammen mit der Museumserweiterung ist auch die Neuaufstellung der Sammlungsbestände geplant.

Heimatmuseum Oberammergau
Dorfstraße 8
82487 Oberammergau
Tel. 0 88 22 / 9 41 36 oder 0 88 22 / 9 23 10
(Verkehrsamt Oberammergau)
Fax 0 88 22 / 3 22 33

Öffnungszeiten:
15. Mai bis 15. Oktober: Di bis So 14 bis 18 Uhr,
16. Oktober bis 14. Mai: Samstag 14 bis 18 Uhr
montags geschlossen
Sonderführungen nach Vereinbarung mit dem Verkehrsamt Oberammergau

• Ohlstadt

Kaulbach-Villa

Der Münchner Maler Friedrich August von Kaulbach (1850–1920) verbrachte ab 1893 einen Teil des Jahres auch in seinem Landhaus in Ohlstadt.

Neben den „Malerfürsten“ Franz von Lenbach und Franz von Stuck zählte er um die Jahrhundertwende zu den erfolgreichsten und angesehendsten Malern der Münchener Schule. Beliebt waren seine Genreszenen und seine Bildnisse von Persönlichkeiten aus Adel und Großbürgertum, für die er internationalen Ruf genoß. Vor allem die Damenbildnisse, durch „Innigkeit“, Idealisierung und Repräsentation geprägt, gehörten zu seinen bevorzugten Themen. Er sah sich stilistisch und in seiner Themenwahl in der Tradition der europäischen Malerei der drei vorangegangenen Jahrhunderte und war in seiner Bildauffassung der Zeit des Historismus eng verbunden. Seine Karikaturen dagegen zeugen von spontaner Handschrift und von humorvoll-kritischer Beobachtungsgabe.

Den Maler Max Beckmann (1884 Leipzig – 1950 New York) führten private Beziehungen nach Ohlstadt: Er heiratete 1925 in zweiter Ehe die Tochter Mathilde („Quappi") des Münchner Malers Friedrich August von Kaulbach. Das Haus und Atelier seines Schwiegervaters in Ohlstadt besuchte er häufig von seinem Lebens- und Arbeitsbereich in Frankfurt aus, bis er 1937 in der Ausstellung „Entartete Kunst" verfemt wurde und unmittelbar darauf Deutschland verlassen mußte. Sein reiches künstlerisches Schaffen ist geprägt durch eine kritische, unerbittliche Auseinandersetzung mit der Wirklichkeit. Seine, seit dem I. Weltkrieg harte, vom Zeichnerischen geprägte, immer gegenständliche Ausdrucksform, entwickelte er seit den 1920er Jahren zu einer kraftvollen, sinnlichen, symbolhaft verschlüsselten Darstellungsweise, in der auch die Farbe zunehmend Raum gewann. In dieser Zeit entstanden in der Murnauer Region z. B. seine Landschaftsgemälde „Walchensee", „Mondlandschaft mit Gebirge im Schnee", „Das Moor" sowie das „Selbstbildnis im großen Spiegel mit Kerze". Beckmann lebte bis 1947 in Amsterdam und anschließend in New York, wo er 1950 starb.

Kaulbach-Villa und Dorfmuseum
Kaulbachstraße 22
82441 Ohlstadt
Tel. 0 88 41 / 60 10 oder 0 88 41 / 67 12-15
(Verkehrsamt Ohlstadt)
Postanschrift: Landesversicherungsanstalt Unterfranken,
97064 Würzburg

Öffnungszeiten:
April bis Oktober: Mi und Sa 16 bis 18 Uhr
25. Dezember bis 10. Januar: Sa 15 bis 17 Uhr
und nach Vereinbarung

• Peißenberg

Bergbaumuseum

1988, also 17 Jahre nach der Schließung des letzten bayerischen Kohlebergwerks in Peißenberg, wurde auf dem historischen Grubengelände im ehemaligen Zechenhaus und dem danebenliegenden Tiefstollen von 1869 ein Museum eingerichtet. Während man im Tiefstollen, der auf 200 m Länge als Schaubergwerk ausgebaut ist, die verschiedenen Techniken des Stollenausbaus sowie das unterirdische Transportwesen kennenlernen kann, werden in den 14 Räumen des Zechenhauses die geologischen Voraussetzungen, ein Querschnitt aller bergmännischen Techniken und die Geschichte des oberbayerischen Kohlebergbaus dokumentiert, letzteres besonders am Beispiel des Abbaus am Hohenpeißenberg seit Beginn des staatlichen Bergbaus im Jahr 1837 bis zur Schließung des Peißenberger Bergwerks im Jahr 1971. Geologische Schaubilder und eine Sammlung von Versteinerungen aus der Molasse erläutern die Entstehung der Kohleflöze im Voralpenland. Werkzeuge der Bergleute, Schachtmodelle und Grubeneinrichtungen veranschaulichen die Arbeit im Bergbau und illustrieren gleichzeitig die Entwicklung von der mühsamen Handarbeit zur vollautomatisierten Kohleförderung. Uniformen, Dokumente zur Siedlungsgeschichte und Photomaterial ermöglichen ferner einen Einblick in die sozialen Belange der Bergarbeiter. Als Museums-Ergänzung ist auf den „Lehrpfad für Bergbau, Geologie und Landschaft“ (Stollenweg) hinzuweisen. Ausgangspunkt und Ziel ist der Parkplatz am Museum.

Bergbaumuseum
Am Tiefstollen 2
82380 Peißenberg
Tel. 0 88 03 / 51 02
Fax 0 88 03 / 69 05 00 (Gemeindeverwaltung)

Öffnungszeiten:
1. und 3. So im Monat 14 bis 16 Uhr
15. Mai bis 15. September auch Di bis Fr 9 bis 11 Uhr
Mi und Do zusätzl. 14 bis 16 Uhr
Gruppen ab 10 Personen und Schulklassen außerdem nach Vereinbarung

• Peiting

Museum im Klösterle

Seit Mitte der 1980er Jahre sind im Klösterle die „Peitinger Geschichtsstuben" eingerichtet. Sie dokumentieren das heimatkundliche Lebenswerk von Altbürgermeister Karl Fliegauf. Der 1999 gegründete „Trägerverein Peitinger Kultur- und Naturmuseum Klösterle e. V." konnte zusätzlich die Abteilungen „Schisport" und die „Michel-Dacher-Stube" mit einer Ausstellung über den Peitinger Extrembergsteiger eröffnen. Geplant ist die Erweiterung der Schau über den Pechkohlenabbau in Peiting von 1922 – 1966. Mit der Skisammlung des Peitingers Erich Sanktjohanser verfügt das Museum im Klösterle über eine anschauliche Dokumentation zur Geschichte des Skilaufs. Bis 2002 sollen zudem weitere Abteilungen mit Krippen und sakralen Exponaten zur Ortsgeschichte sowie zu Jagd, Fischerei und Imkerei zwischen Lech und Ammer entstehen.

Museum im Klösterle
Kapellenstraße 1
86971 Peiting
Tel. 0 88 61 / 65 35 (Verkehrsamt)

Öffnungszeiten:
Mi. 10 bis 12 Uhr und 14 bis 17 Uhr
2. Sa im Monat 14 bis 17 Uhr
und nach Vereinbarung

• Penzberg

Bergwerksmuseum

In fünf Räumen des Schulhauses zeugen Geräte des ehemaligen Bergwerks sowie Fahnen, Uniformen und Dokumente vom inzwischen eingestellten Kohlebergbau, der in Penzberg seit dem späten 18. Jahrhundert betrieben wurde.

Bergwerksmuseum
Karlstraße 36 / 38
82377 Penzberg
Tel. 0 88 56 / 47 22 (Auskünfte)

Öffnungszeiten:
nach Vereinbarung

Stadtmuseum

In Penzberg, als Bergbaustadt ein Sonderfall in Oberbayern, wurde bis 1966 über einen Zeitraum von 170 Jahren Pechkohle gefördert. Das denkmalgeschützte Haus, in dem heute das Stadtmuseum untergebracht ist, wurde um 1873 als Arbeiterwohnhaus gebaut. Dieser Haustyp prägt als „Kolonie" das Erscheinungsbild der Stadt. Eine der insgesamt sechs Wohnungen des Hauses wurde mit zeitgenössischen Möbeln und Hausrat so ausgestattet, wie es um 1920 üblich war.

Ständig zu sehen ist außerdem eine Sammlung von Dokumenten und Materialien (incl. Filmen) zur Stadtentwicklung mit den Schwerpunkten „Bergwerkszeit" und „Umbau zu einer modernen Industriestadt", die 2002 in neuer Form eröffnet wird. Ein weiterer Raum ist der Erinnerung an die „Penzberger Mordnacht" gewidmet. In den Wirren der letzten Kriegstage, am 28. 4. 1945, wurden 16 Männer und Frauen, unter ihnen der ehemalige Bürgermeister, von einem Werwolfkommando umgebracht.

Einen Schwerpunkt bilden ebenso die wechselnden Sonderausstellungen aus dem Bereich der bildenden Kunst.

Stadtmuseum Penzberg
Karlstraße 61
82377 Penzberg
Tel. 0 88 56 / 81 34 10

Öffnungszeiten:
Do, Sa, So 14 bis 17 Uhr
bei Sonderausstellungen Do 14 bis 20 Uhr,
So 11 bis 17 Uhr

• Polling

Heimatmuseum

Neben den baulichen Sehenswürdigkeiten aus der Glanzzeit des berühmten Augustinerchorherren-Stifts bietet Polling dem Besucher auch ein Ortsmuseum mit reichem Exponatenbestand.

Schwerpunkte der Ausstellung bilden neben dem großen Thema „Klostergeschichte" Abteilungen mit Informationen zum Pollinger Tuff, der jungsteinzeitlichen Siedlung am Jakobsee (3500 v. Chr.) und der Pollinger

Künstlerkolonie (ab 1830). Daneben informieren Wechselausstellungen über verschiedene Aspekte der Dorfgeschichte.

Vor dem Hintergrund der 1250jährigen Vergangenheit Pollings als Stätte eines Klosters ist dem Thema „Glaube und Frömmigkeit" im ehemaligen Refektoriums-Saal des Seminars ein würdiger Rahmen bereitet. Anhand von Kunstwerken und Zeugnissen der Volksfrömmigkeit wird aufgezeigt, wie sehr das Leben früher vom Glauben bestimmt und durchdrungen war. Hier beginnt der Rundgang durch die drei Stockwerke des Museums, das sich in einem aus der 2. Hälfte des 18. Jhd. stammenden Teil der Klosteranlage befindet. Der noch weitgehend erhaltene Saal ist mit seinen Stuckdekorationen von Tassilo Zöpf und einem Deckengemälde von Matthäus Günther (dat. 1767) auch von kunsthistorischer Bedeutung.

Heimatmuseum Polling
Rathaus, Kirchplatz 11
82398 Polling
Tel. 0 88 1 / 57 78 und 01 70 / 3 02 11 13
Postanschrift: Brigitte Angelosanti, Untermühlstraße 12,
82398 Polling

Öffnungszeiten:
So 9.30 bis 12 Uhr, Sonderführungen nach Vereinbarung
1. Adventssonntag 9 bis 18 Uhr

• Seehausen am Staffelsee

Heimatmuseum

Geschichte, Kunst und Kultur der Gemeinde Seehausen sowie Lebensweise und Broterwerb
Themen:

2000jährige Geschichte der Insel Wörth auf Grund der Ausgrabungen unter Leitung der archäologischen Staatssammlung München. Gezeigt werden Fundgegenstände von der Urkirche aus dem 7. Jhd. und vom Staffelseekloster aus dem 8. bis 11. Jhd. sowie Fragmente einer Chorschrankenplatte, eines Reliefs einer Mariendarstellung, Reliquienkästchen und Vieles mehr:

Örtliche Hinterglasmalerei, Bilder und Werkstätten der Familien Gege, Noder und Kirchmayer.
Bäuerliche Tracht, Schmuck und Lebensweise.

Jahrhunderte alte Seehauser Fischerei, Leben in und um den Staffelsee.

Heimatmuseum Seehausen am Staffelsee
Dorfstraße 8
82418 Seehausen a. Staffelsee
Tel. 0 88 41 / 67 28 58
oder 0 88 41 / 55 84 (Frau Ecker für Sonderführungen)

Öffnungszeiten:
Mi, Sa u. So 14 bis 17 Uhr
1. November bis 1. April: nur Sa und So

• Schongau

Stadtmuseum Schongau

Die Bestände des Stadtmuseums Schongau gehen in ihrem Kern zurück auf die Sammlung der Gesamtinnung des Bezirks Schongau, die 1891 erstmals ausgestellt wurde. Seit 1989 ist das Museum in der profanierten Spitalkirche St. Erasmus eingerichtet.

Die Ausstellung zeigt regionale Bodenfunde aus zwei Jahrtausenden, Exponate zur Stadtgeschichte, sakrale Skulpturen und andere Zeugnisse der Volksfrömmigkeit. Das kunsthistorisch bedeutendste Ausstellungsstück ist der „Häringer Hausaltar" aus der Hofkapelle von Windkreut (Gde. Peißenberg), ein virtuoses Werk des bayerischen Rokoko.

Im 2. Obergeschoß des angrenzenden Neubaus hat die Staatliche Münzsammlung München eine numismatische Ausstellung „Regionale Geldgeschichte von den Kelten bis zur Kreditkarte" installiert.

Im 1. Obergeschoß befindet sich die Galerie im Stadtmuseum.

Stadtmuseum Schongau
Christophstraße 53–57
86956 Schongau
Tel. 0 88 61 / 2 06 02
Fax 0 88 61 / 20 06 25

Öffnungszeiten:
Ostern bis 6. Jan.: Di bis So 10 bis 12 Uhr
und 14 bis 17 Uhr
7. Jan. bis Ostern: Di bis Do 10 bis 12 Uhr
und 14 bis 17 Uhr, Fr 10 bis 12 Uhr

• Uffing am Staffelsee

Heimatmuseum

Hauptstraße 16
Tel. 0 88 46 / 92 02 13 (Verkehrsamt)
Öffnungszeiten:
von Anfang Juni – Mitte September: Sa und So 16 – 19 Uhr

• Weilheim

Stadtmuseum

Die Kreisstadt Weilheim liegt im Herzen des kulturhistorisch bedeutenden Pfaffenwinkels mit seinen zahlreichen Kirchen, Kapellen und Klöstern zwischen Andechs/Ettal und Steingaden/Beuerberg.

Das Stadtmuseum von Weilheim, auch „Museum des Pfaffenwinkels" genannt, wurde 1882, basierend auf der Sammlung Benedikt Höcks, gegründet. Es befindet sich seit 1966 in zehn Räumen des 1788 – 90 erbauten Alten Rathauses. Der Schwerpunkt des Museums liegt auf seiner bedeutenden Skulpturensammlung des 15. – 19. Jahrhunderts. Wichtige Bildhauer der „Weilheimer Schule" nach 1600, wie Jörg Petel, Hans Krumper, Christoph Angermair, Hans Degler oder Bartholomäus Steinle, sind hier mit Arbeiten vertreten. Als bedeutendes Werk des frühen 16. Jahrhunderts ist der Pollinger Schmerzensmann von Hans Leinberger hervorzuheben. Das 18. Jahrhundert wird u. a. durch den bekannten Weilheimer Bildhauer Franz Xaver Schmädl repräsentiert.

Daneben sind Bestände zur Vor- und Frühgeschichte, Stadtgeschichte, zum örtlichen Handwerk, bäuerliche Möbel sowie eine Jahreskrippe von 1721 zu besichtigen.

Stadtmuseum
Marienplatz 1
82362 Weilheim
Tel. 08 81 / 68 21 00
Postanschrift: Stadt Weilheim – Museum,
Postfach 16 64, 82360 Weilheim i. OB

Öffnungszeiten:
Di – So 10 bis 12 und 14 bis 17 und nach Vereinbarung
montags geschlossen

Schloßmuseum Murnau Publikationen / Medien

Schloßmuseum Murnau,
Museumsführer, Murnau 1993
256 S., 67 SW-Abb., 77 Farb-Abb.
ISBN 3-9803816-1-7

Hinterglasmalerei
Europa, China, Indien.
Die Sammlung Udo Dammert
München 1993
128 S., 11 SW-Abb., 131 Farb-Abb.
ISBN 3-7913-1293-6

Schloß Murnau – Ein Bauwerk der Stauferzeit und seine Geschichte
Murnau 1994, 294 S., 78 SW-Abb.,
14 Farb-Abb., 13 Tabellen, 57 Tafeln,
ISBN 3-9803816-3-3

Gelobtes Land – Emanuel von Seidl – Parklandschaft in Murnau einst und jetzt
Fotos, Dokumente, Relikte
Murnau 1993, 48 S., 50 SW-Abb.
ISBN 3-9803816-2-5

Hinterglaskunst Erwin Pohl
Murnau 1994
12 S., 11 SW-Abb., 7 Farb-Abb.
ISBN 3-9803816-0-9

Hannah Höch – Collagen, Aquarelle, Gemälde
Murnau 1994, 24 S.
ISBN 3-9803816-5-X

Ernst Haeckel – Ingeborg Haeckel
Natur erforschen, vermitteln, schützen
Murnau 1994, 28 S., 42 SW-Abb.
ISBN 3-9803816-4-1

Alexej von Jawlensky –
Frühe Porträts 1908 – 1913
Murnau 1995 (vergriffen)

„Amalierte Stuck uff Glas / hinder Glas Gemalte Historien und Gemäld"
Hinterglasmalkunst von der Antike bis zur Neuzeit
Murnau 1995
176 S., 20 SW-Abb., 139 Farb-Abb.
ISBN 3-9803816-7-6

Die Handschrift des Künstlers
Bilder – Schriften
von Caspar David Friedrich
bis Beuys und Penck
Murnau 1996
208 S., 194 z. T. farb. Abb.
ISBN 3-9803816-8-4

Gabriele MÜNTER malt MURNAU
Gemälde 1908 – 1960 der Künstlerin des „Blauen Reiter"
Texte: Brigitte Salmen
Murnau 1996
120 S., 31 SW-Abb., 77 Farb-Abb.
ISBN 3-9803816-9-2

BUCHHEIMS BUNTE ZIRKUSWELT
Hinterglasbilder, Hampelmänner, Manegenzauber. ...
Murnau 1997
64 S., 10 SW-Abb., 48 Farb-Abb.
ISBN 3-932276-00-0

GLAS – GLANZ – FARBE
Vielfalt barocker Hinterglaskunst
im Europa des 17. und 18. Jahrhunderts
Murnau 1997
208 S., 21 SW-Abb., 181 Farb-Abb.
ISBN 3-932276-01-9

Max Beckmann (1884–1950)
Abseits der Großstadt –
oberbayerische Landschaft
Murnau 1998
64 S., 44 SW-Abb., 26 Farb-Abb.
ISBN 3-932276-02-7

Der Almanach
„Der Blaue Reiter"
Bilder und Bildwerke in Originalen
Murnau 1998
188 S., 160 SW-Abb., 79 Farb.-Abb.
ISBN 3-932276-03-5

Cuno Fischer (1914–1973)
Graphik, Hinterglasmalerei, Design
Murnau 1999
16 S., 9 SW-Abb., 12 Farb-Abb.
ISBN 3-932276-04-3

Wege in die Landschaft
Ansichten oberbayerischer Moore
im 19. Jahrhundert
Murnau 1999
128 S., 18 SW-Abb., 74 Farb-Abb.
ISBN 3-932276-05-1

Paul Klee und seine Weg-Gefährten
Murnau 1999
132 S., 30 SW-Abb., 39 Farb-Abb.
ISBN 3-932276-06-X

Gruß aus Murnau
Der Markt auf alten Ansichtskarten
Autor: Peter K. W. Freude
Murnau 1999
260 S., gebunden, 217 SW- und
Farb-Abb.
ISBN 3-00-005354-9

James Loeb (1867–1933)
Kunstsammler und Mäzen
Murnau 2000, 204 S., gebunden,
163 SW-Abb., 8 Farb-Abb.
ISBN 3-932276-07-8

Perspektiven
Blicke, Durchblicke, Ausblicke
in Natur und Leben
Kunst und Volkskunst
Murnau 2000
152 S., 56 SW-Abb., 83 Farb-Abb.
ISBN 3-932276-08-6

Industrie und Natur
Zur Geschichte des Hartsteinwerkes
Werdenfels im Murnauer Moos
Murnau 2000, 160 S., gebunden,
123 SW-Abb., 20 Farb-Abb.
ISBN 3-932276-09-4

Lajos von Horváth
Zeichner und Illustrator 1903–1968
Murnau 2001
56 S., 23 SW-Abb., 49 Farb-Abb.
ISBN 3-932276-10-8

Friedrich August von Kaulbach –
Max Beckmann
„Ich kann wirklich ganz gut malen"
Murnau 2002
128 S., 74 SW-Abb., 60 Farb-Abb.
ISBN 3-932276-12-4

Marianne von Werefkin
in Murnau. Kunst und Theorie,
Vorbilder und Künstlerfreunde
Murnau 2002,
148 S., 17 SW-Abb., 180 Farb-Abb.
ISBN 3-932276-14-0

„...welche zuweilen
Kunstwerth haben"
Hinterglasmalerei in Südbayern
im 18. und 19. Jahrhundert
Murnau 2003
120 S., 12 SW-Abb., 90 Farb-Abb.
ISBN 3-932276-15-9